Obra Completa de C.G. Jung
Volume 16/1

A prática da psicoterapia

C.G. Jung

A prática da psicoterapia

16/1

Petrópolis

© 1971, Walter-Verlag AG Olten

Tradução do original
em alemão intitulado
Praxis der Psychotherapie (Band 16)
Parte I – *Allgemeine Probleme der Psychotherapie*

Editores da edição suíça:
Marianne Niehus-Jung
Dra. Lena Hurwitz-Eisner
Dr. Med. Franz Riklin
Lilly Jung-Merker
Dra. Fil. Elisabeth Rüf

CONSELHO EDITORIAL

Diretor
Volney J. Berkenbrock

Editores
Aline dos Santos Carneiro
Edrian Josué Pasini
Marilac Loraine Oleniki
Welder Lancieri Marchini

Conselheiros
Elói Dionísio Piva
Francisco Morás
Gilberto Gonçalves Garcia
Ludovico Garmus
Teobaldo Heidemann

Secretário executivo
Leonardo A.R.T. dos Santos

Direitos exclusivos de publicação em língua portuguesa:
1981, Editora Vozes Ltda.
Rua Frei Luís, 100
25689-900 Petrópolis, RJ
www.vozes.com.br
Brasil

Todos os direitos reservados. Nenhuma parte desta obra poderá ser reproduzida ou transmitida por qualquer forma e/ou quaisquer meios (eletrônico ou mecânico, incluindo fotocópia e gravação) ou arquivada em qualquer sistema ou banco de dados sem permissão escrita da editora.

PRODUÇÃO EDITORIAL

Aline L.R. de Barros
Jailson Scota
Marcelo Telles
Mirela de Oliveira
Natália França
Otaviano M. Cunha
Priscilla A.F. Alves
Rafael de Oliveira
Samuel Rezende
Vanessa Luz
Verônica M. Guedes

Tradução: Maria Luiza Appy
Revisão técnica: Dora Mariana Ribeiro Ferreira da Silva
Diagramação: AG.SR Desenv. Gráfico
Capa: 2 estúdio gráfico

ISBN 978-85-326-2424-6 (Obra Completa de C.G. Jung)

ISBN 978-85-326-0634-1 (Brasil)
ISBN 3-530-40716-x (Suíça)

Este livro foi composto e impresso pela Editora Vozes Ltda.

Sumário

Prefácio do autor, 7

Prólogo dos editores, 9

PRIMEIRA PARTE
PROBLEMAS GERAIS DA PSICOTERAPIA

I. Princípios básicos da prática da psicoterapia, 13

II. O que é psicoterapia? 32

III. Alguns aspectos da psicoterapia moderna, 40

IV. Os objetivos da psicoterapia, 48

V. Os problemas da psicoterapia moderna, 66

VI. Psicoterapia e visão de mundo, 90

VII. Medicina e psicoterapia, 99

VIII. Psicoterapia e atualidade, 109

IX. Questões básicas da psicoterapia, 127

Referências, 143

Índice analítico, 145

Prefácio do autor

Este décimo sexto volume da obra completa foi o primeiro a ser publicado. Contém trabalhos antigos e também os mais recentes sobre questões da prática psicoterapêutica. Sinto-me na obrigação de agradecer aos editores, não só pela cuidadosa revisão dos textos, como particularmente por sua escolha. Manifestam desse modo terem compreendido que minha contribuição para o conhecimento da alma se baseia na experiência prática com o homem. Trata-se de fato do empenho médico em alargar a compreensão psicológica dos males psíquicos que, em mais de cinquenta anos de prática psicoterapêutica me conduziu a descobertas e conclusões, levando-me por outro lado a reexaminar e modificar minhas concepções, sempre através da experiência direta. Por exemplo, se basearmos uma pesquisa histórica em dados dos meus escritos mais recentes, o leitor, despreparado, obviamente encontrará dificuldades em coaduná-la com a sua própria concepção de psicoterapia. Para ele a prática e a observação histórica, provavelmente, são coisas que não podem ser medidas. Na realidade psicológica, porém, não é assim, pois neste campo, a cada passo, encontramos fenômenos que, examinados em sua causalidade, revelam seu caráter histórico. Os comportamentos psíquicos são até de caráter eminentemente histórico. O psicoterapeuta não tem que tomar conhecimento apenas da biografia pessoal do paciente, mas também das condições espirituais do seu meio ambiente próximo e remoto, em que permeiam influências tradicionais e filosóficas que frequentemente desempenham um papel decisivo. Nenhum psicoterapeuta seriamente empenhado em compreender o homem inteiro, ficará dispensado de entender-se com o simbolismo da linguagem dos sonhos. Como toda linguagem, esta também necessitará de conhecimentos históricos para sua interpretação; tanto mais, que não se trata de uma linguagem de uso corrente, mas de uma linguagem de símbolos, que, além de recorrer a formas recentes, também se serve de modos primitivos de expressão.

O conhecimento dessa linguagem simbólica dá condições ao médico de ajudar seu cliente a sair da estreiteza, muitas vezes angustiante, de uma compreensão exclusivamente personalística de si, e livrá-lo da prisão egocêntrica, que até agora lhe encobria a perspectiva dos horizontes mais amplos de sua evolução social, moral e espiritual.

O leitor encontrará nos capítulos deste volume não somente indicações quanto aos fundamentos e princípios que orientam minha concepção prática, mas também um guia para a compreensão histórica do fenômeno que, por assim dizer, representa a *crux*, ou pelo menos *the crucial experience* de qualquer análise razoavelmente completa, ou seja, do fenômeno da transferência, a que Freud já atribuíra uma importância capital. É uma questão tão ampla e absorvente, que não se pode prescindir de um aprofundamento dos seus antecedentes históricos.

Apesar de sua composição heterogênea, ou justamente por causa dela, é possível que este volume transmita ao leitor uma imagem clara da enorme quantidade de fatores relacionados com a questão psicoterapêutica, bem como dos seus fundamentos empíricos.

Agosto de 1957

C.G. Jung

Prólogo dos editores

A pedido do professor C.G. Jung, são editadas sua obra completa em colaboração com os editores da edição completa em inglês, os *Collected Works*, Bollingen Series XX, Pantheon, Nova York, e Routledge & Kegan Paul Ltd., Londres. A compilação dos volumes e sua organização é baseada nos "Collected Works", tendo sido levada em consideração a sequência temática e cronológica de cada trabalho. A edição completa abrangerá provavelmente 18 a 20 volumes.

O presente volume, além do capítulo acerca da *Psicologia da transferência* (editado em volume avulso em 1946), contém todos os trabalhos dos anos de 1939 a 1950, que tratam do problema da psicoterapia. Alguns desses trabalhos foram publicados apenas em revistas médicas e, por isso, o público maior não teve acesso a eles. Os estudos intitulados *Alguns aspectos da psicoterapia moderna* e *O valor terapêutico da ab-reação* existiam unicamente na versão inglesa e foram traduzidos para o alemão pelos editores.

Para corresponder ao crescente interesse pelos problemas da psicologia do consciente e da psiquiatria, deverão ser lançados, logo após o presente volume, o Volume 6, *Tipos psicológicos*, e o Volume 1, *Estudos psiquiátricos*.

A fim de facilitar a localização das referências das notas de rodapé que se reportam aos diversos volumes da Obra Completa, os parágrafos foram numerados de acordo com a ordem adotada nos *Collected Works*. Como a publicação de todos os volumes da edição completa demorará algum tempo, daremos, além da referência a esses parágrafos, também a da paginação das edições avulsas das obras de Jung já existentes.

Os algarismos arábicos grifados nas notas de rodapé, assim como no corpo do texto, referem-se aos números da bibliografia mais detalhada, constante no fim deste livro. Os demais números reportam-se aos trechos correspondentes dentro da obra mencionada.

Um índice completo do conteúdo dos volumes previstos da obra completa encontra-se no final de cada um dos volumes. Em se tratando de trabalhos com várias edições, tivemos a preocupação de indicar o ano da primeira, bem como da mais recente edição.

Citações em latim e grego foram traduzidas, para que se tornassem acessíveis a um círculo mais vasto de leitores. Agradecemos à Srta.-Dra. M.L. von Franz pela valiosa colaboração nesse trabalho. Especiais agradecimentos também à Sra. Aniela Jaffe pelo múltiplo apoio na redação dos textos.

Zurique, setembro de 1957

Primeira Parte

Problemas gerais da psicoterapia

I
Princípios básicos da prática da psicoterapia[1]

A psicoterapia é um campo da terapêutica, que se desenvolveu e atingiu uma certa autonomia somente nos últimos cinquenta anos. As opiniões nesta área foram mudando e diferenciando-se de várias maneiras. As experiências foram se acumulando e dando lugar a diversas interpretações. A causa disso está no fato de a psicoterapia não ser um método simples e evidente, como se queria a princípio. Pouco a pouco foi-se verificando que se trata de um tipo de *procedimento dialético*, isto é, de um diálogo ou discussão entre duas pessoas. Originalmente a dialética era a arte da conversação entre os antigos filósofos, mas logo adquiriu o significado de método para produzir novas sínteses. A pessoa é um sistema psíquico, que, atuando sobre outra pessoa, entra em interação com outro sistema psíquico. Esta é talvez a maneira mais moderna de formular a relação psicoterapêutica médico-paciente; evidentemente, distanciou-se muito da concepção inicial, segundo a qual a psicoterapia seria um método aplicável de maneira estereotipada por qualquer pessoa, para obter um efeito desejado. Não foram necessidades especulativas, que levaram a esta imprevista e – digamos – inoportuna ampliação do horizonte, mas sim os fatos concretos da realidade. O primeiro desses fatos deve ter sido a necessidade de reconhecer que era possível interpretar os dados da experiência de diferentes maneiras. Desenvolveram-se diversas escolas de concepções diametralmente opostas; basta lembrar o método

---

1. Conferência realizada na Associação de Medicina de Zurique, em 1935. Publicada na *Zentralblatt für Psychotherapie*, VIII, 1935, 2, p. 66-82.

francês da "terapia pela sugestão" de Liébeault-Bernheim da "rééducation de la volonté", a "persuasión" de Babinski, a "ortopedia psíquica racional" de Dubois, a "psicanálise" de Freud, com ênfase na sexualidade e no inconsciente, o "método educativo" de Adler, com ênfase na tendência ao poder e nas ficções conscientes, o "treinamento autógeno" de Schultz, para mencionar apenas os métodos mais conhecidos. Cada um desses métodos baseia-se em pressupostos psicológicos especiais e produz resultados psicológicos específicos, dificilmente comparáveis entre si, e que às vezes nem podem ser comparados. Para os representantes de cada um dos pontos de vista, era portanto natural e mais simples considerar errônea a opinião do outro. Uma apreciação objetiva dos fatos reais mostra, no entanto, que cada um desses métodos e teorias tem sua razão de ser, não só pelo êxito obtido em certos casos, como também por mostrarem realidades psicológicas que comprovam amplamente os respectivos pressupostos. Estamos, na psicoterapia, portanto, diante de uma situação comparável, digamos, à da física moderna, com suas duas teorias contraditórias sobre a luz. E assim como a física não considera insuperável essa contradição, a existência dos múltiplos enfoques psicológicos possíveis não deveria ser pretexto para se considerarem as contradições insuperáveis, e as interpretações, inteiramente subjetivas e não mensuráveis. As contradições em qualquer ramo da ciência comprovam apenas que o objeto da ciência tem propriedades, que por ora só podem ser apreendidas através de antinomias; como a natureza ondulatória e corpuscular da luz. Só que a psique é de natureza infinitamente mais complicada que a luz, razão certamente do grande número de antinomias necessárias à descrição satisfatória da essência do psiquismo. Uma das antinomias fundamentais é a proposição: *A psique depende do corpo, e o corpo depende da psique*. Para ambas as afirmações desta antinomia existem provas óbvias, de tal maneira que um juízo objetivo não poderá decidir-se pela preponderância da tese sobre a antítese. A existência de contradições válidas põe em evidência as dificuldades extraordinárias que o objeto da investigação coloca à inteligência do pesquisador; por isso, ao menos por enquanto, as afirmações que se podem fazer são válidas apenas relativamente. É que a afirmação só é válida na medida em que for indicado a que sistema psíquico o objeto da indagação se refere. Chegamos assim à formulação dialética, que no fundo significa que a interação psíquica nada mais é do que a relação de troca entre dois sistemas psíquicos. Uma vez que a individualidade do sistema é infinitamente variável, o resultado é uma variabilidade infinita de afirmações de validade relativa. No entanto, se individualidade fosse singularidade, isto é, se o indivíduo fosse totalmente diferente de qualquer outro indivíduo, a psicologia seria impossível enquanto ciência, isto é, ela consistiria num caos inextricável de opiniões subjetivas. Mas como a individualidade é apenas relativa, isto é, apenas complementa a conformidade ou a semelhança entre os homens, as afirmações de validade universal, ou seja, as constatações científicas, tornam-se possíveis. Consequentemente, estas afirmações podem referir-se unicamente às partes do sistema psíquico conformes, isto é, às que podem ser comparadas, e portanto, apanhadas estatisticamente, e não ao individual, ao único dentro do sistema. A segunda antinomia fundamental da psicologia é a seguinte: *O individual não importa perante o genérico, e o genérico não importa perante o individual.* Como é sabido, não existe um elefante genérico; apenas elefantes individuais. Mas, se o genérico não existisse, e houvesse uma constante multiplicidade de elefantes, um elefante único e individual seria extremamente inverossímil.

Estas considerações lógicas parecem estar bem longe do nosso tema. Mas na medida em que são discussões fundamentais sobre a experiência psicológica adquirida até hoje, resultam em conclusões práticas de relevante importância. Se, na qualidade de psicoterapeuta, eu me sentir como autoridade diante do paciente e, como médico, tiver a pretensão de saber algo sobre a sua individualidade e fazer afirmações válidas a seu respeito, estarei demonstrando falta de espírito crítico, pois não estarei reconhecendo que não tenho condições de julgar a totalidade da personalidade que está lá à minha frente. Posso fazer declarações legítimas apenas a respeito do ser humano genérico, ou pelo menos relativamente genérico. Mas como tudo o que vive só é encontrado na forma individual, e visto que só posso afirmar sobre a individualidade de outrem, o que encontro em minha própria individualidade, corro o risco, ou de violentar o outro, ou de sucumbir por minha vez ao seu poder de persuasão. Por isso, quer eu queira quer não, se eu estiver disposto a fazer o tratamento psíquico de um indivíduo, tenho que renunciar à minha superioridade no saber, a toda e qualquer autoridade e vontade de influenciar. Tenho que optar necessariamente por um método dialético, que consiste em confrontar as averiguações mútuas. Mas isto só se torna possível se eu deixar ao outro a oportunidade de apresentar seu material o mais completamente possível, sem limitá-lo pelos meus pressupostos. Ao colocar-nos dessa forma, o sistema dele se relaciona com o meu, pelo que se produz um efeito dentro do meu próprio sistema. Este efeito é a única coisa que posso oferecer ao meu paciente individual e legitimamente.

3 Estas reflexões fundamentais vão determinar uma atitude bem definida do terapeuta, que me parece indispensável em todos os casos de *terapia individual*, por ser a única que se justifica cientificamente. Todo desvio desta atitude significa *terapia por sugestão*, cujo princípio básico diz: "*O individual não importa perante o genérico*". À terapia por sugestão pertencem, portanto, os métodos que impõem e aplicam o conhecimento de outras individualidades e a interpretação delas. São terapias por sugestão, igualmente, todos os métodos técnicos, no sentido exato da palavra, na medida em que estes pressupõem que todos os objetos individuais são idênticos. Se a tese da insignificância do individual for verdadeira, os métodos por sugestão, os métodos técnicos e os pressupostos teóricos são possíveis e, até certo ponto, garantem êxito no homem genérico; é o caso da "Christian Science", da "Mental Healing", "Thought Cure", "Heilpádagogik", dos métodos por influenciação religiosa e médica, além dos "-ismos" todos que existem por aí. Há movimentos políticos que pretendem, e até com certa razão, ser psicoterapia em escala maior. Da mesma forma que o desencadear da guerra curou neuroses obsessivas e os lugares milagrosos de há muito conseguem dissipar estados neuróticos, assim também os movimentos populares, sejam eles grandes ou pequenos, podem ter efeito curativo sobre o indivíduo.

4 Muito mais bela e simples é a concepção dos primitivos, que exprimem esta realidade com a chamada *doutrina do Mana*. Mana é um poder medicinal ou curativo, que existe em toda parte, fertiliza o homem, o animal e a planta, e dá força mágica ao chefe da tribo e ao curandeiro. O conceito de Mana identifica-se com algo de "extraordinariamente eficaz", como prova Lehmann, ou é pura e simplesmente aquilo que impressiona. Portanto, tudo o que impressiona é "medicina" na escala primitiva. É sabido que cem pessoas inteligentes juntas

formam *uma só* cabeça de bagre, logo as virtudes e os talentos são distinções essencialmente individuais; não são características do homem genérico. As concentrações humanas tendem, por conseguinte, sempre para a psicologia gregária, logo para o "estouro da boiada"; tendem para a psicologia das massas, e, portanto, para a brutalidade obtusa e o sentimentalismo histérico. O homem genérico tem características primitivas, razão por que têm que ser empregados métodos técnicos em seu tratamento. É até um erro profissional tratar o homem coletivo de maneira que não seja a maneira "tecnicamente certa", isto é, com métodos coletivamente reconhecidos e aceitos como eficientes. Neste sentido o velho hipnotismo, ou o magnetismo animal, mais velho ainda, têm em princípio exatamente o mesmo efeito que uma eventual análise moderna, tecnicamente impecável, ou os amuletos receitados por um curandeiro primitivo. Só importa o método em que o terapeuta tem confiança. Sua fé no método é decisiva. Se acreditar, ele fará por seu paciente tudo quanto estiver ao seu alcance, com seriedade e perseverança, e esse esforço voluntário e essa dedicação têm efeito terapêutico, dentro das limitações psíquicas do homem coletivo. Os limites, porém, são fixados pela antinomia *individual-coletivo*.

Essa antinomia não é apenas filosófica, mas também é critério psicológico, visto que existem inúmeras pessoas cujo traço principal é o coletivo, e que têm a ambição particular de não ser mais do que coletivas. A mesma tendência é observada na educação tradicional, onde se gosta de apresentar individualidade e anarquia como sinônimos. Nesse nível, o individual é submetido ao menosprezo e à repressão. Os conteúdos e as tendências individuais são apontados nesse nível como causadores de neuroses. Como se sabe, existe também a valorização exagerada do individual, devido à antítese: "*O genérico não importa perante o individual*". Assim sendo, as neuroses podem ser divididas em dois grupos, do ponto de vista psicológico (não do ponto de vista clínico, portanto): um contém homens coletivos, de individualidade subdesenvolvida, o outro, individualistas de atrofiada adaptação ao coletivo. O enfoque terapêutico também se diferencia de acordo com essa distinção, porque é óbvio que um individualista neurótico não pode sarar, a não ser que reconheça o homem coletivo dentro de si e, portanto, a necessidade de um ajustamento coletivo. A sua redução da verdade coletivamente aceita é portanto justificável. Por outro lado, a experiência psicoterapêutica conhece também o caso das pessoas ajustadas à coletividade que têm e realizam tudo quanto se possa exigir como garantia razoável de saúde, e que mesmo assim estão doentes. Normalizar tais pessoas, isto é, reduzi-las a um nível coletivo é um gravíssimo erro profissional, mas que nem por isso é cometido com menos frequência. Conforme o caso destrói-se nelas toda a capacidade evolutiva individual.

6   Como explicamos na introdução, a parte individual é única, imprevisível e não interpretável. O terapeuta deve renunciar neste caso a todos os seus pressupostos e técnicas e limitar-se a um processo puramente dialético, isto é, evitar todos os métodos.

7   O leitor terá percebido que no início apresentei o método dialético como, digamos, a fase mais recente dentro da evolução da psicoterapia. É hora de corrigir-me, e colocar este método em seu devido lugar: Não se trata de uma mera evolução de teorias e práticas anteriores, mas muito mais de uma renúncia total a elas, em favor da atitude menos preconcebida possível. Em outras palavras: O terapeuta não é mais um sujeito ativo, mas ele vivencia junto um processo evolutivo individual.

8   Não quero dar a impressão de que estes conhecimentos caíram do céu sem mais nem menos. Eles têm sua história. Embora eu tenha sido o primeiro a levantar a exigência de análise para o próprio analista, é a Freud que devemos principalmente a inestimável descoberta de que os analistas também têm complexos, e portanto, um ou mais pontos cegos, que atuam como outros tantos preconceitos. O psicoterapeuta aprendeu isso com os casos em que não conseguia mais interpretar e conduzir o paciente do alto de sua suficiência ou do alto de sua cátedra, abstraindo sua própria personalidade, mas percebia que sua maneira ou atitude particular estavam impedindo a cura do paciente. Aquilo que não está claro para nós, porque não o queremos reconhecer em nós mesmos, nos leva a impedir que se torne consciente no paciente, naturalmente em detrimento do mesmo. A exigência de análise para o próprio analista tem em vista a ideia do método dialético. Como se sabe, o terapeuta nele se relaciona com outro sistema psíquico, não só para perguntar, mas também para responder; não mais como superior, perito, juiz e conselheiro, mas como alguém que vivên-

cia junto, que no processo dialético se encontra em pé de igualdade com aquele que ainda é considerado o paciente.

Outra fonte da ideia do método dialético é o fato de existirem *diversas possibilidades de interpretação para os conteúdos simbólicos:* Silberer[2] fez a distinção entre a interpretação psicanalítica e a anagógica, e eu, entre a analítico-redutiva e a sintético-hermenêutica. Explicarei o que se entende por isto, através do exemplo da chamada fixação infantil na "imago" dos pais, uma das fontes mais ricas de conteúdos simbólicos. A interpretação analítico-redutiva diz que o interesse (a chamada libido) regride para o material de reminiscência infantil fixando-se nela, ou então, que jamais dela se libertou. A concepção sintética ou anagógica, contudo, ensina que se trata de partes da personalidade, suscetíveis de evolução, que se encontram em um estado infantil, como que ainda no regaço materno. As duas interpretações podem ser provadas como certas. Quase se poderia dizer que, em essência, chegam a ser a mesma coisa. Na prática, porém, há uma enorme diferença entre interpretar alguma coisa como regressiva ou progressiva. Não é fácil acertar em determinados casos. Geralmente nos sentimos até um tanto inseguros frente a essa questão. A constatação de que existem conteúdos essenciais, cuja interpretação é indubitavelmente dúbia, mostrou a gravidade da aplicação despreocupada de teorias e métodos, tendo, portanto, contribuído para que o método dialético fosse equiparado aos mais refinados e mais grosseiros métodos sugestivos.

A diferenciação e o aprofundamento da problemática psicoterapêutica que começaram com Freud, logicamente devem, mais cedo ou mais tarde, chegar à conclusão de que o diálogo analítico final entre o médico e o paciente tem que incluir a personalidade do médico. O antigo hipnotismo e a terapia por sugestão de Bernheim já sabiam disso: isto é, que o efeito terapêutico depende por um lado do chamado "*rapport*" (relação) – transferência, na linguagem de Freud – e por outro, da força de persuasão e de penetração da personalidade do médico. Na relação médico-paciente, há, no fundo, dois sistemas psíquicos que se inter-relacionam. Toda visão mais profunda do pro-

---

2. SILBERER, H. *Probleme der Mystik und thre Symbolik*, p. 138.

cesso psicoterapêutico levará, assim, infalivelmente à conclusão de que em última análise, – isto é, na medida em que a individualidade é um fato que não pode ser simplesmente ignorado – o relacionamento médico-paciente tem que ser um processo dialético.

11 Posto isso, fica evidente a necessidade de se mudar totalmente o enfoque em relação às formas mais antigas de psicoterapia. Para prevenir equívocos quero logo acrescentar que essa mudança de ponto de vista, de modo algum, declara incorretos, supérfluos ou ultrapassados os métodos anteriormente existentes. Isto porque, quanto mais o conhecimento penetra na essência do psiquismo, maior se torna a convicção de que a multiplicidade de estratificações e as variedades do ser humano também requerem uma variedade de pontos de vista e métodos, para que a diversidade das disposições psíquicas seja satisfeita. Assim sendo, não tem sentido submeter um paciente comum – a quem não falta nada, a não ser uma boa dose de bom-senso – a uma complicada análise de seu sistema instintual, ou até expô-lo às sutilezas desconcertantes da dialética psicológica. Mas também é óbvio que, em se tratando de naturezas complicadas e de nível intelectual elevado, nada se consegue através de conselhos benevolentes, sugestões, ou tentativas de convertê-las para este ou aquele sistema. O melhor que o médico pode fazer nesses casos é dispensar todo seu equipamento de métodos e teorias e confiar, velando unicamente por sua personalidade para que ela tenha firmeza suficiente para servir de ponto de referência ao paciente. E ainda deve ser levada a sério a eventualidade de a personalidade do paciente ultrapassar a do médico em inteligência, disposição, grandeza e profundidade. Em toda e qualquer circunstância são normas supremas de um método dialético que a individualidade do doente tenha a mesma dignidade e o mesmo direito de existir que a do médico, e que, por essa razão, todos os desenvolvimentos individuais do paciente sejam considerados legítimos, conquanto não se corrijam por si mesmos. Uma pessoa, na medida em que é exclusivamente coletiva, pode mudar através da sugestão, de tal forma que aparente tornar-se diferente da que era antes. Mas se for individual, só pode tornar-se o que é e sempre foi. Se é que "cura" significa tornar sadio um doente, cura significa transformação. Sempre que possível, isto é, no caso de a personalidade do doente não ser sacrificada em demasia, ele deve ser transformado terapeu-

ticamente. Mas quando um doente reconhece que a cura por transformação significaria renunciar demais à sua personalidade, o médico pode e deve renunciar à modificação, ou seja, à vontade de curar. Neste caso deve recusar o tratamento, ou acomodar-se ao método dialético. Este último caso acontece mais frequentemente do que se pensa. Em minha clínica particular sempre tenho um número considerável de pessoas muito cultas e inteligentes, de individualidade marcante, que por motivos éticos resistiram fortemente a qualquer tentativa séria de mutação. Em todos esses casos, o médico deve deixar aberto o caminho individual da cura, e neste caso o processo terapêutico não acarretará nenhuma transformação da personalidade, mas será um processo, chamado de *individuação*. Isto significa que o paciente se torna aquilo que de fato ele é. Na pior das hipóteses poderá chegar a aceitar a sua neurose, porque entendeu o sentido da sua doença. Vários doentes me confessaram que aprenderam a ver com gratidão os seus sintomas neuróticos, pois estes, como um barômetro, sempre lhes mostraram quando e onde se tinham desviado do seu caminho individual, ou quando e onde coisas importantes tinham ficado inconscientes.

Embora os métodos novos e mais diferenciados possibilitem vislumbrar de maneira imprevista as infinitas complicações das relações psíquicas, e tenham desenvolvido amplas considerações teóricas a respeito, mesmo assim eles se limitam ao ponto de vista analítico-redutivo. Desse modo, a possibilidade de evolução tipicamente individual fica encoberta pela redução a um princípio comum, como a sexualidade, por exemplo, razão pela qual a fenomenologia da individuação ainda é terra nova, inexplorada. Esta circunstância poderá servir para explicar por que tenho que entrar um pouco nos pormenores da pesquisa psicológica; é que não tenho outra forma de transmitir o conceito da individuação a não ser mostrando, ou tentando mostrar, os fenômenos do inconsciente no próprio material empírico. Isso porque, no processo evolutivo individual, o inconsciente passa a ocupar o primeiro plano. A causa mais profunda desse fenômeno poderia ser a unilateralidade antinatural da postura neurótica do consciente, que por isso mesmo é contrabalançada pelos conteúdos complementares e compensatórios do inconsciente. Eis o motivo por que o inconsciente tem uma importância toda especial na correção da unilateralidade do consciente: daí a necessidade de se observarem as ideias e sugestões dos sonhos, pois são elas que vão ter que tomar o lugar dos reguladores coletivos anteriores, a saber, a maneira de ver tradicional, os costumes, os preconceitos de natureza intelectual e moral. O caminho individual não pode prescindir do conhecimento das leis próprias do indivíduo, senão corre o risco de perder-se nas opiniões arbitrárias do consciente e separar-se do instinto individual, da "terra mater".

13 No ponto em que hoje estão os nossos conhecimentos, parece que o impulso vital, que se exprime na construção e na conformação individual de um ser vivo, gera um processo no inconsciente, ou é o próprio processo. Este, à medida que se torna parcialmente conscientizado, é representado por uma *sequência de imagens*, comparável à sucessão rítmica da fuga musical. Pessoas naturalmente dotadas para a introspecção são capazes de perceber, sem maiores dificuldades, pelo menos alguns fragmentos dessa sequência de imagens autônoma e automática. Geralmente isto se dá em forma de impressões visuais da fantasia. No entanto, essas pessoas cometem o erro frequente de pensar que foram elas mesmas que *produziram* essas fantasias, quando na realidade elas simplesmente lhes *ocorreram* espontaneamente. Quando o fragmento de fantasia adquire caráter obsessivo, o que não é raro, a sua involuntariedade já não pode ser negada. Exemplo disso são as melodias que não nos saem da cabeça, ou as ideias fóbicas, ou os chamados tiques simbólicos. Mais próximos das sequências inconscientes de imagens estão os *sonhos*. Muitas vezes, quando examinados em séries extensas, podemos identificar, com surpreendente clareza, a continuidade do fluxo inconsciente de imagens. A continuidade manifesta-se na repetição dos chamados *motivos*. Estes podem referir-se a pessoas, animais, objetos ou situações. Portanto, a continuidade da sequência de imagens é expressa pelo fato de o motivo em questão sempre reaparecer numa longa série de sonhos.

14 Numa série de sonhos de um dos meus pacientes, que se estendeu por mais de dois meses, o motivo da água apareceu em 26 sonhos. Primeiro apareceu como rebentação de onda invadindo o continente, no 2º sonho, como uma vista sobre o mar que está liso como um espelho. No 3º sonho, o sonhador encontra-se na praia e vê a chuva cair no mar. No 4º sonho, há indícios indiretos de viagem ma-

rítima, pois a viagem é para um país distante e desconhecido. No 5º, trata-se de uma viagem à América; no 6º, a água é despejada numa bacia; no 7º sonho os olhos caem sobre a superfície de um mar sem fim; no 8º, o sonhador encontra-se num navio; no 9º, ele faz uma viagem a um país longínquo e selvagem; no 10º, encontra-se de novo num navio; no 11º, navega rio abaixo; no 12º, anda ao longo de um riacho; no 13º, encontra-se num vapor; no 14º, ouve uma voz chamar: "O caminho para o mar fica ali, temos que ir à praia"; no 15º, encontra-se num navio com destino à América; no 16º, está novamente num navio; no 17º, vai de carro para o navio; no 18º, faz cálculos astronômicos de localização num navio; no 19º, viaja ao longo do rio Reno; no 20º, está numa ilha no mar; no 21º, encontra-se novamente numa ilha; no 22º, navega com sua mãe rio abaixo; no 23º, ele está à beira-mar; no 24º, procura um tesouro no fundo do mar; no 25º, seu pai lhe fala da terra de onde vem a água. No 26º, finalmente, ele desce um rio pequeno que desemboca num maior.[3]

Este exemplo ilustra a continuidade do tema inconsciente. Ao mesmo tempo, mostra o método de como fazer o levantamento estatístico de tais motivos. À medida que se multiplicam as comparações, vamos descobrindo o que é que o motivo da água está a indicar. De séries desse tipo, além de outras semelhantes, resultam as interpretações dos motivos. Assim, *mar* significa invariavelmente um lugar de concentração e origem de toda vida psíquica, portanto, o chamado "*inconsciente coletivo*". A água em movimento pode significar o fluir da vida ou o fluir da energia. As ideias básicas de todos os motivos são representações plásticas de *caráter arquetípico*, isto é, imagens primordiais, simbólicas, sobre as quais a mente humana se edificou e se diferenciou. Esses protótipos são difíceis de definir, para não dizer vagos. Toda versão intelectual demasiadamente tacanha lhe rouba algo de sua amplitude. Não se trata de conceitos científicos, necessariamente isentos de equívocos na interpretação, mas de intuições originárias, extremamente genéricas da mente primitiva, que nunca designam conteúdos específicos. São importantes, porque se relacionam com uma grande variedade de coisas. Levy-Bruhl as denomina

---

3. Cf. *Psychologie und Alchemie*; *Psychologie und Religion* (em port. *Psicologia e alquimia*; *Psicologia e religião*).

représentations collectives e Hubert e Maus chamam-nas *Categorias "a priori"* da fantasia.

16 Não raro, nas séries de sonhos mais longas, os motivos são substituídos. Assim, a partir do último sonho, o motivo da água, pouco a pouco, foi cedendo lugar a um novo motivo, o da *mulher desconhecida*. Nos sonhos com mulheres, trata-se, na maioria das vezes, de mulheres que o sonhador conhece. Mas pode acontecer que, no meio desses sonhos, surja uma figura feminina não identificável, mas que o sonho qualifica manifestamente como pessoa desconhecida. Este motivo apresenta uma fenomenologia interessante, que eu gostaria de caracterizar, baseando-me numa série de sonhos que se estende por três meses. Nessa série, o motivo apareceu, sem exagero, 51 vezes. Primeiro apareceu como uma pluralidade de figuras femininas indefinidas, depois, era a silhueta indeterminada de uma mulher sentada numa escada. A seguir apareceu coberta com um véu, e quando tirou o véu, seu rosto resplandecia como o sol. Em seguida apareceu nua de pé num globo, vista de costas. Depois, de novo se decompôs num grande número de ninfas dançantes, e a seguir num grupo de prostitutas com doenças venéreas. Pouco depois a desconhecida aparece num baile e o sonhador lhe dá dinheiro. Em seguida, está com sífilis. A partir de então, a desconhecida combina-se com o chamado *"motivo do sósia"*, que também aparece nos sonhos frequentemente. Uma selvagem, talvez uma malaia, que se desdobra. Ela devia ser capturada, mas também é aquela loira nua, que estava de pé no globo, ou uma moça de capuz vermelho, uma babá, ou uma senhora idosa. É perigosíssima, membro de uma quadrilha de ladrões; nem é bem humana; mais como uma ideia abstrata. É guia e conduz o sonhador ao alto de uma montanha. Mas também é como um pássaro, digamos, um marabu ou um pelicano. Ela quer se apoderar de um homem. Quase sempre é loira e filha de cabeleireiro, mas tem uma irmã indiana, que, pelo visto, é escura. A guia loira explica ao sonhador que uma parte da alma de sua irmã lhe pertence. Escreve-lhe uma carta, mas é esposa de outro. Não fala, e ninguém lhe dirige a palavra. Ora seus cabelos são pretos, ora brancos. Tem fantasias esquisitas, desconhecidas para o sonhador. Talvez seja a mulher desconhecida de seu pai, mas não sua mãe. Viajam juntos num avião que cai. É uma voz que se transforma em mulher. Em dado momento, explica-lhe que é um

caco, portanto um fragmento, querendo dizer, talvez, que é parte de uma alma. Tem um irmão preso em Moscou. Quando aparece como figura escura, é empregada doméstica, ignorante, e todo cuidado com ela é pouco. Muitas vezes a desconhecida aparece desdobrada na figura de duas mulheres, que passeiam com ele pelas montanhas. Certa vez a guia loira lhe aparece numa visão. Ela lhe traz pão, preocupada com ideias religiosas; ela conhece o caminho que ele deveria seguir; ele a encontra numa igreja; ela *é* seu guia espiritual. Ela sai como que de um caixote escuro, e é cachorro capaz de se transformar em mulher. Até macaco chega a ser. No sonho, o sonhador desenha seu retrato, mas o que aparece no papel é um ideograma abstrato e simbólico, que contém principalmente a *trindade*, um motivo que aparece frequentemente.

O motivo da mulher desconhecida designa, portanto, uma figura de caráter extremamente contraditório, que certamente não pode ser relacionada com um ser feminino normal. Descreve muito mais uma criatura fabulosa, um tipo de fada, um ser rutilante. Como se sabe, existem fadas boas e más, capazes também de se transformar em animais; podem ser invisíveis; sua idade é indeterminada, ora são jovens, ora idosas; sua natureza não é humana, mas silfídica com caráter de parcelas de alma, sedutoras, perigosas, e são dotadas de um conhecimento superior. Logo, deve estar certa a opinião de que se pode fazer o paralelo desse motivo com as representações da mitologia. Na mitologia esse ser silfídico é encontrado nas mais variadas formas: são ninfas, oréades, sílfides, ondinas, sereias, ninfas dos bosques, súcubos, lâmias, vampiros, bruxas e outras mais. Pois todo o mundo mítico das fábulas é uma criação da fantasia inconsciente, tal como o sonho. Muitas vezes acontece que esse motivo substitui o da água. Assim como a água significa o inconsciente em geral, a figura da mulher desconhecida é a personificação do inconsciente que denomino *anima*. Em princípio essa figura só se encontra nos homens, e só se manifesta com nitidez quando as características do inconsciente começam a tornar-se problemáticas para o paciente. A característica do inconsciente no homem é feminina e, na mulher, masculina; por isso a personificação do inconsciente no homem é um ser feminino, do tipo há pouco descrito.

18   No espaço de uma conferência não é possível descrever todos os motivos que aparecem no processo da individuação, isto é, na fase em que o material casuístico do paciente já não se reduz a pressupostos gerais, válidos apenas para o homem coletivo. Existem numerosos motivos, todos eles também presentes na mitologia. Por isso, o que se pode dizer, é que a evolução psíquica individual produz a princípio algo muito parecido com o velho mundo das fábulas. Fica, portanto, fácil compreender que o caminho individual produza a impressão de um recuo a tempos pré-históricos, de uma regressão na história da evolução espiritual, e como se algo de muito inconveniente estivesse acontecendo – algo que a intervenção terapêutica deveria impedir. Nas psicoses ocorrem coisas parecidas, principalmente nas formas paranoicas da esquizofrenia, onde pode haver um grande acúmulo de componentes mitológicos. A apreensão de que podemos estar diante de uma evolução malograda, que pode acabar num mundo de fantasia caótico ou mórbido, não nos abandona. Esse tipo de evolução pode tornar-se perigoso para uma pessoa cuja personalidade social não esteja bem alicerçada. Aliás, o perigo de se topar com uma psicose latente, capaz de irromper numa crise, é uma eventualidade que não pode ser descartada em uma intervenção psicoterapêutica, qualquer que seja. Brincar com métodos psicoterapêuticos, com diletantismo e pouco senso crítico, é brincar com fogo e deve ser insistentemente desaconselhado. O caso torna-se especialmente perigoso, quando a camada mitológica da psique é posta a descoberto, pois esses conteúdos exercem, em geral, um impressionante fascínio sobre o paciente. Isso explica a enorme influência das ideias mitológicas sobre a humanidade.

19   Parece que o processo de cura mobiliza essas forças para alcançar os seus objetivos. É que as representações míticas, com seu simbolismo característico, atingem as profundezas da alma humana, os subterrâneos da história, aonde a razão, a vontade e a boa intenção nunca chegam. Isso porque elas também provêm daquelas profundezas e falam uma linguagem, que, na verdade, a razão contemporânea não entende, mas mobilizam e põem a vibrar o mais íntimo do homem. A regressão que poderia assustar-nos à primeira vista é, portanto, muito mais um *"reculer pour mieux sauter"*, um concentrar e integrar forças, que no decorrer da evolução vão constituir uma nova ordem.

A neurose nesse nível é um sofrimento puramente psíquico, que os métodos racionais comuns não podem aliviar. Por isso, existe um bom número de psicoterapeutas, que numa última tentativa, isto é, depois de esgotados todos os recursos, vão refugiar-se em uma das religiões, ou melhor, em uma das conhecidas confissões religiosas. Longe de mim a intenção de ridicularizar esses esforços. Ao contrário, devo salientar que o instinto que os embasa é muito verdadeiro, pois as atuais religiões ainda contêm remanescentes vivos de uma era mítica. A cruz suástica, os "Deutsche Christen" e o Movimento Confessional Alemão são provas de que certas ideologias políticas remontam à mitologia. Não só o cristianismo com sua simbólica salvífica, mas de um modo geral todas as religiões, e mesmo as formas mágicas das religiões dos primitivos, são psicoterapias, são formas de cuidar e curar os sofrimentos da alma e os padecimentos corporais de origem psíquica. Até que ponto a medicina atual ainda é terapia por sugestão, é um assunto sobre o qual gostaria de não opinar. O fato de se *levar em conta o fator psíquico*, como se diz na terapêutica prática, já é melhor do que nada. A história da medicina é extremamente elucidativa, precisamente nesse aspecto.

Certos médicos, ao retomarem as representações míticas de alguma religião, agem com senso histórico. Mas só podem fazer isso com os pacientes em que permanecem vivos os remanescentes míticos contidos nas religiões. Qualquer terapia racional é indicada para esses pacientes, até o momento em que fica indispensável introduzir as ideias míticas. Quando trato de católicos praticantes, sempre recomendo a confissão e os sacramentos da Igreja. No caso de fiéis protestantes que não contam com a confissão e a absolvição, o problema é mais difícil. Contudo, o Movimento de Oxford é uma válvula que se abriu ao protestantismo moderno. Esse movimento oferece em substituição a confissão pública, e em vez da absolvição, a vivência comunitária. Vários dos meus pacientes, com pleno consentimento meu, aderiram a esse movimento, enquanto que outros se tornaram católicos, ou, pelo menos, melhores católicos do que antes. Em todos estes casos dispenso o método dialético, porque não vejo razão alguma em fomentar uma evolução individual acima das necessidades do paciente. Se ele encontra o sentido de sua vida e a cura de sua inquietação e desarmonia dentro do quadro de uma das formas de confissões existentes – inclusive um credo político, – então o terapeuta deve aceitá-lo. Afinal, a preocupação do médico deve ser o doente e não o curado.

Mas existem inúmeros pacientes sem convicção alguma, ou com convicções inortodoxas. Em princípio, tais clientes não se deixam converter a crença alguma. Ficam emperrados, qualquer que seja a terapia racional a que se submetam, apesar de sua doença como tal ser curável. Nestes casos, a única solução é provocar a evolução dialética do material mítico que está vivo dentro do próprio doente, independentemente de qualquer tradição histórica. Aí é que nos deparamos com os sonhos mitológicos e suas séries de imagens características, que colocam a ciência médica diante de uma tarefa totalmente nova e imprevista. Os conhecimentos que se exigem do médico não constaram do seu currículo na faculdade. Não foi preparado para cuidar da alma humana, pois ela não é problema psiquiátrico ou fisiológico, e muito menos biológico. É um problema psicológico. A alma é um território em si, com leis que lhe são próprias. A essência da alma não pode ser derivada de princípios de outros campos da ciência, caso contrário violar-se-ia a natureza particular do psiquismo. Não se identifica com o cérebro, com os hormônios, nem com qualquer dos instintos conhecidos, mas tem que ser entendida como fenômeno *sui generis*. Por isso a fenomenologia da alma não se esgota nos fatos reais apreendidos pela ciência natural, mas também compreende o problema do espírito humano, que é o pai de toda a ciência. O psicoterapeuta chega a sentir esta realidade, quando, em determinados casos, é levado a ir um pouco além das concepções correntes. Várias vezes já foi feita a objeção de que antigamente também se conhecia psicoterapia, sem que se achasse necessário meter-se em tais complicações. De bom grado admito que Hipócrates, Galeno e Paracelso tenham sido bons médicos, mas nem por isso acredito que a medicina moderna deva prescindir da soroterapia e da radiologia. Sem dúvida, é difícil entender os problemas complicados da psicoterapia – especialmente para o leigo. No entanto, a simples reflexão sobre a razão por que certas situações de vida ou certas experiências são patogênicas, nos faz descobrir que a *maneira de ver as coisas* muitas vezes tem um papel decisivo. Certas coisas parecem perigosas, impossíveis, ou nocivas simplesmente porque existem maneiras de vê-las por esse prisma. Por exemplo, para muitas pessoas, riqueza significa a suprema felicidade e pobreza, o extremo mal, embora o ser rico não seja realmente suprema felicidade para ninguém, nem a pobreza, causa de melancolia. Mas essas ideias existem e suas causas encontram-se em certos pressupostos espirituais, por exemplo, na denominada *mentalidade da época* (*Zeitgeist*), ou em certas concepções religiosas ou irreligiosas. Estas últimas podem ser decisivas em muitos conflitos morais. Assim que a análise da situação psíquica de um paciente atinge o campo dos seus pressupostos espirituais, entra-se também no domínio das ideias gerais. O fato de tantas pessoas normais nunca criticarem seus pressupostos espirituais – já pela simples razão de serem inconscientes – não prova que os mesmos sejam válidos ou até inconscientes para todos os homens, e menos ainda, que não possam tornar-se fontes de gravíssimos conflitos de consciência. Muito pelo contrário, quantas vezes os preconceitos gerais herdados, por um lado, e a desorientação na moral e na visão do mundo, por outro, são as causas mais profundas de graves distúrbios do equilíbrio psíquico, sobretudo na nossa época de transformação revolucionária. A única coisa que o médico pode oferecer a pacientes desse tipo é a possibilidade de uma evolução espiritual individual. Por causa desses casos, o especialista também é obrigado a ampliar consideravelmente seus conhecimentos na área das ciências do espírito, se quiser estar mais ou menos a par do simbolismo dos conteúdos psíquicos.

Se, com o que estou dizendo aqui, eu estiver dando a impressão de que a única exigência para a terapia especializada é um grande saber, estarei pecando por omissão. A diferenciação moral da personalidade do médico é tão importante quanto esse outro requisito. A cirurgia e a obstetrícia sabem, há muito tempo, que não basta lavar o paciente: as mãos do próprio médico têm que estar limpas. Um psicoterapeuta neurótico tratará infalivelmente de sua própria neurose no paciente. A terapia que não leva em conta a qualidade da personalidade do médico pode, quando muito, ser concebida como uma técnica racional; como método dialético, porém, torna-se impraticável, pois exige que o médico saia do seu anonimato e preste contas de si mesmo, exatamente como faz com o paciente. Não sei qual a dificuldade maior, adquirir um grande saber, ou saber renunciar à própria autoridade profissional e ao anonimato. Em todo caso, esta última exigência põe à prova a capacidade moral do psicoterapeuta, o que faz com que a sua profissão não seja das mais invejáveis. O público leigo, não raro, alimenta o preconceito de que a psicoterapia é a coisa mais fácil do mundo, resumindo-se na arte de convencer ou de tirar dinheiro do bolso da gente. Mas na realidade, trata-se de uma profissão difícil e perigosa. Do mesmo modo que o médico, em geral, está exposto a infecções e outros riscos profissionais, o psicoterapeuta está arriscado a contrair infecções psíquicas, não menos perigosas. Assim sendo, por um lado, corre o perigo de envolver-se nas neuroses de seus pacientes, por outro, ao procurar proteger-se contra a influência destes sobre si, pode privar-se do exercício do efeito terapêutico. Entre "Cila e Caribde" é que está o risco, mas também o efeito terapêutico.

A psicoterapia moderna é uma construção em muitos níveis, que corresponde à variedade de pacientes que chegam ao tratamento. Os casos mais simples são aqueles que necessitam apenas de uma dose de senso comum ou de um bom conselho. No melhor dos casos, só precisam de uma única consulta. Aliás, isto não quer dizer que os casos que parecem simples, sempre o sejam; não raro se fazem descobertas desagradáveis. Em seguida, há pacientes, cuja cura depende unicamente de uma confissão mais ou menos completa: de um desabafo em regra, chamado ab-reação. As neuroses mais difíceis precisam, em geral, de uma análise redutiva dos seus sintomas e dos seus estados. Nestes casos, não se deveria aplicar indistintamente um ou outro método, mas, dependendo do tipo do problema, a análise deve seguir de preferência os princípios de Freud ou os de Adler. Agostinho distingue dois pecados capitais, um é a *concupiscentia*, a cobiça, o outro é a *superbia*, o orgulho. O primeiro corresponde ao princípio de prazer de Freud, o segundo à vontade de poder, ao querer-estar-por-cima de Adler. Trata-se de dois grupos humanos com exigências diferentes. A característica do primeiro grupo é a procura infantil do prazer; são pessoas que em geral aspiram mais a desejos e impulsos incompatíveis, do que ao papel que poderiam ocupar na sociedade; são pessoas geralmente bem situadas, bem-sucedidas, socialmente realizadas. As pessoas pertencentes ao segundo grupo querem "estar por cima"; na realidade elas estão por baixo, ou pelo menos imaginam que não estão exercendo o papel que no fundo lhes pertenceria. Trata-se frequentemente de pessoas com dificuldades de ajustamento social, que procuram disfarçar sua inferioridade com ficções de poder. Naturalmente todas as neuroses podem ser explicadas segundo Freud ou segundo Adler, mas, no tratamento prático, será melhor estudar o caso de antemão, com todo rigor. Quando se trata de pessoas cultas, a decisão não é difícil. Recomendo aos pacientes que leiam alguma coisa de Freud e Adler. Quase sempre descobrem logo qual dos dois é mais condizente com os seus problemas. Enquanto estivermos atuando dentro do campo da psicologia das neuroses propriamente ditas, tanto os pontos de vista de Adler como os de Freud nos são imprescindíveis.

Quando as sessões começam a ficar monótonas e repetitivas, a ponto de sugerir que o processo esteja em vias de paralisação, ou então, quando surgem os conteúdos mitológicos, ou arquetípicos, está na hora de abandonar o tratamento analítico-redutivo e de tratar os símbolos anagogicamente, ou sinteticamente, o que equivale ao método dialético e à individuação.

Os métodos de influência, que também incluem os analíticos, exigem que se veja o paciente com a maior frequência possível. Quanto a mim, contento-me, no máximo, com três ou quatro sessões semanais. Ao iniciar-se o tratamento sintético, convém espaçar mais as consultas. Reduzo-as, em geral, a uma ou duas por semana, pois o paciente tem que aprender a caminhar sozinho. O primeiro passo seria que o próprio paciente procurasse entender os seus sonhos, de modo a incorporar progressivamente os conteúdos do inconsciente ao consciente, visto que a causa da neurose é a discrepância entre a atitude consciente e a tendência inconsciente. Esta dissociação é superada através da assimilação dos conteúdos do inconsciente. O tempo entre as consultas não fica, portanto, inaproveitado. Desta maneira poupa-se muito tempo ao doente e ao próprio médico. Para o paciente, isto também significa uma economia equivalente em dinheiro. Além disso, ele vai treinando sua independência e deixa de viver agarrado ao médico.

O trabalho, feito pelo paciente, conduz, através da assimilação progressiva do inconsciente, à integração final de sua personalidade, e com isso à eliminação da dissociação neurótica. Uma descrição em detalhes do processo evolutivo ultrapassaria, de longe, os limites de uma conferência. Por isso, contento-me com esta visão de conjunto dos princípios básicos da prática terapêutica.

II
O que é psicoterapia?[1]

Há bem pouco tempo, os clínicos bem intencionados ainda recomendavam espaço "ar puro", "aplicações de água fria" e "psicoterapia", tudo de uma vez só, cada vez que um caso se complicava misteriosamente, devido a um fenômeno psíquico. Olhando mais de perto, o que naquele tempo se entendia por psicoterapia, era uma espécie de conselho energético ou benevolente paternal, imitando, talvez, a Dubois na forma de convencer o doente de que o sintoma "era apenas psíquico" e, portanto, não passava de imaginação doentia.

Não quero negar que, ocasionalmente, um conselho possa ser benéfico, mas a psicoterapia moderna é por ele caracterizada, mais ou menos como a cirurgia moderna, pela atadura. Em outras palavras, a influência pessoal autoritária é um fator de cura realmente importante, mas está longe de ser o único e, decididamente, não constitui a essência da psicoterapia. Hoje em dia, a psicoterapia é uma ciência e um método científico, ao passo que antigamente a "psicoterapia" parecia estar ao alcance de qualquer pessoa. O conhecimento mais profundo da natureza das neuroses e das complicações psíquicas de certas doenças físicas mudou a índole do tratamento e diferenciou-a consideravelmente. De acordo com a antiga teoria da sugestão, era preciso reagir aos sintomas, reprimindo-os. Esta concepção foi substituída pela concepção psicanalítica de Freud, que sabia que a causa da doença não era afastada pela repressão do sintoma, e que este era muito mais um sinal, um indício direto ou indireto das causas da doença. Esta é a concepção mais recente, isto é, o ponto de vista

---
1. Publicado na *Schweizerische Ärztezeitung für Standesfragen*, XVI, 1935, 26, p. 335s.

geralmente aceito, de uns trinta anos para cá. Revolucionou a terapia, na medida em que existia a *conscientização das causas*, contrariando totalmente a terapia por sugestão.

O tratamento por sugestão (hipnose etc.) não foi abandonado levianamente, mas porque os seus resultados eram deveras insatisfatórios. Na realidade, a sua aplicação era relativamente fácil e prática, permitia que um clínico habilidoso tratasse de vários pacientes ao mesmo tempo, e, pelo menos, parecia ser o início auspicioso de um método realmente lucrativo. Contudo, os êxitos reais de cura eram tão esparsos e fugazes, que nem a promessa de uma possibilidade de terapia que pudesse ser simultaneamente aplicada às massas conseguiu salvar o tratamento por sugestão. Do contrário, os clínicos e as Caixas de Previdência teriam mostrado o máximo empenho em conservar esse método. Entretanto, ele foi abandonado devido a sua própria insuficiência.

A *tomada de consciência das causas*, exigida pela terapia freudiana, tornou-se o *leitmotiv* e a condição básica preliminar de todas as formas mais recentes de psicoterapia. A pesquisa feita nos últimos cinquenta anos, no campo da psicopatologia; provou de maneira incontestável que os principais processos etiológicos são essencialmente de natureza inconsciente, por um lado, e a experiência prática deixou evidente, por outro, que a conscientização dos conteúdos ou processos etiológicos é um fator terapêutico de importância maior, na prática, do que a sugestão. No decorrer dos últimos 25 a 30 anos operou-se, por conseguinte, uma mudança no campo da psicoterapia, em detrimento da sugestão direta, e a favor de todas as formas de terapia baseadas na conscientização das causas patogênicas.

Como foi dito há pouco, a modificação da terapia foi-se processando à medida que se aprofundava e se diferenciava a teoria sobre as perturbações neuróticas. Enquanto o tratamento se limitava à sugestão, também podia contentar-se com uma concepção teórica muito pouco exigente. Naquele tempo, julgava-se suficiente conceber os quadros neuróticos como "produtos da imaginação" de uma fantasia exacerbada. Deste modo de ver, decorria naturalmente a terapia que tinha por finalidade reprimir simplesmente tais produtos da fantasia, ou seja, os sintomas imaginários. Aquilo que se pensava poder eliminar facilmente – porque não passava de um "produto da imaginação" – era apenas *uma* das formas possíveis da manifestação de um estado patológico específico, cuja sintomatologia é múltipla e mutável, como as metamorfoses de Proteu. Mal se reprimia este ou aquele sintoma, já se manifestava um novo. Isso, porque não se havia atingido o cerne do distúrbio.

Durante bastante tempo, e por influência de Breuer e Freud, vigorou a teoria das neuroses, conhecida como teoria do trauma. De acordo com essa teoria, o chamado *método catártico* procurava fazer com que os momentos traumáticos, que originaram a doença, retornassem à consciência do paciente. Ainda que relativamente simples, a aplicação deste método e teoria já requeria do médico uma atitude para com o paciente diferente da exigida pela sugestão. Afinal, esta última podia ser aplicada por qualquer pessoa, contanto que ela tivesse a necessária energia. O *método catártico*, porém, exigia um aprofundamento cuidadoso e individual de cada caso particular, uma atitude paciente e inquisitiva, toda ela voltada para os eventuais momentos traumáticos. Pois só pela observação e exame minuciosos do material produzido pelo paciente era possível constelar os momentos traumáticos, de forma a chegar à *ab-reação* das situações emocionais causadoras da neurose. Consequentemente, um tratamento de massas lucrativo tornava-se dificílimo, senão impraticável. Na realidade, o método catártico exige do médico um trabalho qualitativamente superior ao que requer o método por sugestão, mas mesmo assim, devido à simplicidade da teoria, subsistia amplamente a possibilidade de se cair numa rotina, e nada impedia, em princípio, que vários pacientes entrassem simultaneamente no estado de relaxamento propício à ab-reação das recordações traumáticas.

Esse minucioso tratamento do caso particular logo mostrou que uma generalização da teoria do trauma era precoce. Ao somarem-se as experiências, foi ficando claro a todos os que se dedicavam ao estudo consciencioso dos quadros neuróticos que, em especial os traumas sexuais, como outros, provocados por choques, explicavam, ocasionalmente, a formação de certas neuroses, mas de forma alguma todas. O próprio Freud não tardou em superar a teoria do trauma, e lançou a *teoria do recalque*. Esta teoria é bem mais complexa e, consequentemente, o tratamento passou a diferenciar-se. A impossibilidade de se chegar a resultados satisfatórios pela simples ab-reação tornou-se evidente, já que a maioria dos casos de neurose nem são causados por traumas. A teoria do recalque considera que as neuroses típicas são muito mais *distúrbios do desenvolvimento* propriamente ditos. Freud explicou a perturbação como um recalque e um passar ao inconsciente emoções e tendências sexuais da infância. Desta teoria resultou a tarefa para o terapeuta de rastrear essas tendências dentro do material do paciente. Mas, visto que essas tendências recalcadas são, por definição, inconscientes, a sua existência só podia ser comprovada pelo amplo exame da anamnese, bem como das atuais atividades da fantasia do paciente.

A partir da descoberta de que as emoções infantis aparecem em regra e principalmente nos *sonhos*, Freud dedicou-se, com seriedade, ao estudo deles. Foi este o passo decisivo que transformou a psicoterapia moderna num método de tratamento individual. É totalmente impossível aplicar o tratamento psicanalítico a vários, ou até a muitos pacientes ao mesmo tempo. Ele pode ser tudo, menos um mecanicismo rotineiro.

O nome que se dá ao tratamento não vem ao caso. Podemos chamá-lo de *"psicológico-individual"*, como Adler, ou *"psicanalítico"*, como Freud e Stekel, ou por outro nome qualquer. Verdade é que toda psicoterapia moderna que pretende ser responsável do ponto de vista médico e respeitada por sua seriedade científica, já não pode ser de massas, mas depende do interesse amplo e sem reservas dispensado a cada paciente individualmente. O procedimento é necessariamente muito trabalhoso e demorado. É certo que se fazem muitas tentativas no sentido de abreviar ao máximo a duração do tratamento, mas não se pode afirmar que os resultados tenham sido animadores. Porque quase sempre as neuroses são produto de uma evolução defeituosa, que demorou anos e anos para se formar, e não existe processo curto e intensivo que a corrija. O tempo é, por conseguinte, um fator insubstituível na cura.

As neuroses ainda são consideradas, erroneamente, como doenças sem gravidade, principalmente por não serem tangíveis nem corporais. As neuroses não matam – como se numa doença física sempre existisse a ameaça de um fim letal. No entanto, o que se esquece por completo – e nisso diferem da doença física – é que elas podem ser extremamente deletérias em suas consequências psíquicas e sociais, muitas vezes piores que as psicoses que, como tais, geralmente levam o doente ao isolamento social, tornando-o, portanto, inofensivo. Um joelho anquilosado, um pé amputado, uma longa tuberculose pulmonar, são preferíveis, em todos os sentidos, a uma neurose grave. Quando se considera a neurose não apenas do ponto de vista clínico, mas sobretudo do ponto de vista psicológico e social, chega-se à conclusão de que se trata realmente de uma enfermidade grave, mormente devido aos seus efeitos sobre o meio ambiente e sobre a maneira de viver do indivíduo. O ponto de vista clínico, por si só, não abarca, nem pode abarcar, a essência da neurose, pois ela é muito mais um fenômeno psicossocial do que uma doença *sensu strictiori*. A neurose obriga-nos a ampliar o conceito de "doença" além da ideia de um corpo isolado, perturbado em suas funções, e a considerar o homem neurótico como um sistema de relação social enfermo. Feita a correção da nossa maneira de encarar a neurose, não nos surpreenderá mais o fato de o seu tratamento ser um assunto extremamente trabalhoso e complicado em todos os sentidos.

38 Infelizmente, as Faculdades de Medicina têm dado pouca atenção ao fato de ser grande o número das neuroses existentes e enorme a incidência das implicações psíquicas em doenças orgânicas, que são justamente a causa da sobrecarga do médico que clinica, ainda que ele não o perceba. O currículo das faculdades não o prepara para enfrentar esse seriíssimo problema, e muitas vezes o médico nem chega a ter a menor oportunidade de receber alguma orientação nessa área, que na prática é tão importante.

39 Por mais que, no início, a psicoterapia moderna se tenha apoiado principalmente nos méritos de Freud, identificar pura e simplesmente o tratamento psíquico com a *"psicanálise"* freudiana, seria um erro muito grande – apesar de isso ainda ocorrer com frequência. Aliás, este engano é fomentado pelo próprio Freud e por seus adeptos, que concebem sua teoria da sexualidade e seu método, sectariamente, como a única salvação. A *psicologia individual* de Adler é uma contribuição que não pode ser menosprezada, e representa, por conseguinte, uma ampliação do ponto de vista psicológico. A teoria e o método da psicanálise são corretos e verdadeiros, em muitos pontos. No entanto, sua verdade limita-se essencialmente ao sistema sexual da rela-

ção, e é cega a tudo quanto não lhe esteja subordinado. Adler provou que não são poucas as neuroses que podem ser explicadas de maneira diferente, e com melhores resultados.

Essa evolução mais recente vem procurando estabelecer como meta terapêutica não só a conscientização dos conteúdos e das tendências causadoras das doenças, mas, além dela, também a volta (redução) aos instintos primitivos e *simples*, a fim de restabelecer no paciente sua condição humana natural e sem deformações. Esse intento não é apenas louvável, mas também prático, lógico e promissor. Tendo em vista as enormes dificuldades apresentadas pelo tratamento das neuroses, as curas conseguidas são bastante animadoras, muito embora os níveis atingidos ainda não sejam os ideais, a ponto de dispensar qualquer desejo de melhorá-los.

A redução aos instintos, em si, é um assunto meio problemático, pois o homem sempre viveu em pé de guerra com os seus instintos; ou, em outras palavras, os próprios instintos estão em constante conflito uns com os outros. Daí o perigo de, pela redução aos instintos, o conflito neurótico original ser apenas substituído por outro (Freud substituiu a neurose pela chamada neurose de transferência, para citar *um só* exemplo). Para evitar esse perigo, a psicanálise procura anular, pela tomada de consciência, as tendências que se convencionou chamar de desejo infantil, ao passo que a psicologia individual procura substituí-las pela coletivização do indivíduo, baseando-se no seu instinto gregário. Freud representa o racionalismo científico do século XIX e Adler, as tendências político-sociais do início do século XX.

Diante desses pontos de vista, baseados em pressupostos nitidamente condicionados pelo momento histórico, tenho insistido na necessidade de uma maior individualização do método terapêutico e na irracionalização ao fixar as suas metas, a fim de garantir a maior imparcialidade possível. No desenvolvimento psicológico é importante que o médico deixe imperar a *natureza*, e que evite, na medida do possível, influenciar o paciente com seus próprios pressupostos filosóficos, sociais e políticos. Ainda que todos os cidadãos suíços sejam iguais perante a lei, eles são bastante desiguais entre si, e por isso, cada indivíduo só pode alcançar a felicidade a seu próprio modo. Com isso, não se visa o *"individualismo"*, mas unicamente uma forma de estabelecer a condição prévia indispensável a todo ato responsável, que é que cada qual se conheça a si mesmo e sua própria maneira de ser, e que tenha a coragem de assumi-la. O homem só passa a ser responsável e capaz de agir, quando existe a seu modo; se não, não passaria de um "maria vai com as outras", ou de um moleque de recados, sem personalidade própria.

Os amplos problemas da psicoterapia moderna, não os menciono aqui para esgotar o assunto, mas simplesmente para mostrar ao leitor os tipos de problemas com que se defronta um tratamento, que tem por finalidade fazer com que um desenvolvimento falho, neurótico, retome seus rumos naturais. Reeducar uma pessoa, que em grande parte é inconsciente de sua própria personalidade, até que ela mesma se veja em condições de trilhar, conscientemente, o caminho certo, e reconheça claramente a sua responsabilidade social, é – qualquer pessoa inteligente há de concordar comigo – um processo demorado e cheio de percalços. Freud já complicara bastante o método pela observação dos sonhos – importantíssima, aliás, para o tratamento. Mas a individualização progressiva, que logicamente vai pondo em evidência cada vez maior o material individual do paciente, não veio simplificar o método, mas sim, aumentar as suas exigências. Porém, à medida que a personalidade própria do doente vai emergindo, também vai sendo possível solicitar uma maior colaboração sua. Enquanto que o psicanalista considera imprescindível ver o cliente uma hora todos os dias da semana, durante vários meses seguidos, a mim me bastam três a quatro sessões semanais, nos casos mais difíceis. Em geral, contento-me com duas horas, e, quando o paciente está razoavelmente iniciado, reduzo o tempo a uma hora. Mas no intervalo entre uma sessão e outra, ele tem que realizar um trabalho consigo mesmo, sob a minha supervisão. Proporciono-lhe os conhecimentos psicológicos necessários a esse fim, que o libertarão o mais rapidamente possível da autoridade médica. Além disso, interrompo o tratamento de dez em dez semanas mais ou menos, para que o paciente dependa novamente do seu ambiente normal de vida. É uma maneira de não aliená-lo do seu mundo, pois a tendência da sua doença é fazê-lo depender de outrem para viver. Este método atribui ao tempo uma importante função na cura, sem que o paciente tenha que pagar o tempo do médico. Se as pessoas são bem orientadas, em pouco tempo, a maioria delas se torna capaz de colaborar, embora modestamente, no início. A minha experiência me ensinou que o tempo absoluto da cura não é abreviado com sessões demasiadamente frequentes. Qualquer tratamento sério e meticuloso é demorado. Por isso, ao espaçar as sessões, e ao preencher os intervalos com o trabalho próprio do paciente, o tratamento torna-se menos oneroso, financeiramente, para o paciente de menores recursos, do que a análise de sessões diárias, consideradas necessárias devido ao efeito (duvidoso) da sugestão.

Em todos os casos evidentes de neurose, torna-se imprescindível uma certa *reeducação* e *transformação* da personalidade, pois se trata invariavelmente de uma evolução deficiente do indivíduo, que, em regra, remonta à infância. Com base neste conhecimento, o método moderno também tem que levar em conta os pontos de vista humanísticos, isto é, os pontos de vista pedagógicos e filosóficos. É esta a razão por que uma formação estritamente médica está se revelando cada vez mais insatisfatória. Em todo caso, um pré-requisito para o exercício dessa atividade deveria ser um profundo conhecimento em psiquiatria. Mas qualquer terapia baseada em sonhos, para ser eficaz, exige um considerável suplemento de conhecimentos em matéria de simbologia, que só pode ser adquirida através do estudo da psicologia primitiva e do estudo comparativo das mitologias e religiões.

Para surpresa do próprio psicoterapeuta, com o aprofundamento dos seus conhecimentos e experiências, o objeto da sua atividade não se tornou mais simples; pelo contrário, ampliou-se consideravelmente a sua complexidade. Já começa a surgir no horizonte o esboço de uma nova psicologia prática. Essa psicologia reunirá os conhecimentos do médico, bem como os do educador e de quantos se preocupem com a alma humana. No entanto, até isso acontecer, a psicoterapia continuará sendo da responsabilidade do médico e é de se esperar que as Faculdades de Medicina deem ouvidos a essa exigência dos doentes para com os médicos. O público culto já tomou conhecimento da existência da psicoterapia e o médico inteligente já percebeu em sua experiência clínica a grande importância da influência psíquica. Na Suíça, já existe, aliás, um bom número de médicos que lutam pelos legítimos direitos da psicoterapia e a exercem abnegadamente, dando o melhor de si, apesar de seu trabalho ser alvo de zombarias, de interpretações errôneas e de críticas malévolas e injustas.

III

Alguns aspectos da psicoterapia moderna[1]

46 Num congresso sobre saúde pública, a posição da psicoterapia moderna é um tanto singular. Não tem como se referir a convenções internacionais, nem está em condições de dar conselhos bons e práticos aos legisladores e Ministros da Saúde. Ocupa um lugar modesto ao lado das grandes organizações e instituições criadas para o bem-estar público. Tem que se limitar ao atendimento pessoal, apesar de as neuroses estarem tão assustadoramente disseminadas, e não ser pequeno o lugar que ocupam entre as calamidades que afligem a saúde no mundo civilizado.

47 A psicoterapia e a psicologia moderna não passam, por enquanto, de experiências e iniciativas individuais. Até agora, tiveram pouca ou nenhuma aplicação coletiva. Sua aplicação depende exclusivamente do espírito empreendedor de cada um dos médicos em particular, visto que não recebem apoio algum, nem mesmo das universidades. Mas nem por isso os problemas da psicologia moderna deixaram de suscitar um interesse intenso; de tal forma que o pouco caso dos órgãos oficiais nem chega a pesar na balança.

48 Devo confessar que até para mim foi difícil familiarizar-me com os novos caminhos apontados por Freud. Conheci o jovem médico através de suas obras, ainda pouco numerosas naquela época. Dedicava-me naquele tempo à psicopatologia experimental, e o que me interessava muito particularmente eram os distúrbios da reação, na

---

[1]. Tradução de uma conferência em inglês, realizada no Congresso da Society of Public Health, Zurique, 1929. Publicada no *Journal of State Medicine*, Londres 1930, XXXVIII, 6, p. 348-354.

chamada experiência da associação. Não pude deixar de perceber que os resultados da minha própria pesquisa, sem dúvida alguma, confirmavam os fenômenos apontados por Freud, tais como o *recalque*, a *substituição* e a *simbolização;* nem podia negar o importante papel da sexualidade na etiologia e na estrutura específica da neurose.

A psicologia médica continua sendo trabalho pioneiro. No entanto, parece que a medicina oficial começa a enxergar o lado psíquico do que antes era julgado unicamente do ponto de vista fisiológico; sem falar das neuroses, cuja natureza psíquica já não pode ser contestada. Ao que tudo indica, a psicologia médica está conquistando, por sua vez, um lugar na medicina. Mas onde é que o estudante de medicina vai poder aprender psicologia? É importante que o médico tenha alguma noção a respeito da psicologia de seus pacientes, da psicologia dos doentes nervosos, mentais e físicos. O especialista já dispõe de um razoável conhecimento nessa área. Contudo as universidades não incentivam tais estudos. Se eu fosse responsável por uma faculdade, provavelmente também teria as minhas reservas em relação à psicologia médica como matéria curricular. Por isso, compreendo perfeitamente essa atitude.

Em primeiro lugar, não se pode deixar de reconhecer que as teorias de Freud se chocaram com determinados preconceitos profundamente arraigados. Pouca coisa melhorou, quando, mais tarde, introduziu algumas modificações em sua doutrina. A opinião pública, de há muito, já o estigmatizara, devido às suas primeiras posições unilaterais e exageradas. Além do mais, as mesmas se baseiam numa visão materialista do mundo, que a partir do início deste século vem perdendo cada vez mais terreno. O ponto de vista extremado de Freud não só fere muitas concepções idealistas, como também não atende às disposições naturais da psique humana. É inegável que a natureza humana tem seus lados escuros, mas tanto o leigo quanto o cientista sensato estão convencidos de que ela também possui seus lados bons e positivos, e estes, no mínimo, tão verdadeiros quanto os primeiros. A razão humana sadia recusa-se a ver tudo como decorrência da sexualidade e de outras incompatibilidades morais. Essa concepção é excessivamente destrutiva.

Freud atribui ao inconsciente uma importância excepcional, mas esta sua maneira de ver encontra pouca aceitação; apesar de não se poder contestar a sua validade, pelo menos em parte. No entanto, é preciso precaver-nos contra uma valorização excessiva do inconsciente. Do contrário, existiria o perigo de subestimar o consciente, o que nos levaria, finalmente, a concepções totalmente mecanicistas. Mas isso contraria o nosso instinto, que coloca a consciência como *arbiter mundi*. Mas como os racionalistas atribuem uma importância excessiva ao consciente, considero sadio dar ao inconsciente também o valor que lhe é devido; no entanto, não se deveria valorizá-lo mais que o consciente.

52 Outra restrição é a falta de uma psicologia que seja realmente médica, embora possa existir uma psicologia para médicos. A psicologia não é assunto exclusivo para especialistas, nem se limita a certas doenças. É universal e humana; e como a humanidade, ela se diversifica, de acordo com o tipo de profissão, de doença etc. Também não se restringe ao instintivo ou biológico. Se assim fosse, ela poderia até constar de um manual de biologia sem o menor problema. Mas não é isso que acontece, muito pelo contrário: seus aspectos sociais e culturais revestem-se de uma importância tal, que sem eles nem seria possível imaginar a psique humana. Por isso, é impossível falar de uma psicologia geral e normal, como se ela resultasse simplesmente do embate entre instinto e moral, ou outras oposições do gênero. Desde o início da história, o homem se deu suas próprias leis. E ainda que fossem invenção dos nossos antepassados malevolentes, como Freud parece sugerir, é estranho que, em todos os tempos, a humanidade tenha se norteado por elas, em silêncio.

53 O próprio Freud, que queria ver a sua psicanálise limitada ao âmbito da medicina (com invasões, apenas circunstanciais em outros campos), viu-se obrigado a lidar com questões de princípio, que ultrapassavam de longe a medicina pura. O simples tratamento superficial de um paciente inteligente conduz inevitavelmente a problemas fundamentais, já que a neurose ou qualquer conflito psíquico depende muito mais da atitude pessoal do paciente, do que da história da sua infância. Quaisquer que tenham sido as influências sofridas pelo paciente em sua juventude, ele tem que acabar se conformando. E só vai consegui-lo, se tomar uma atitude adequada. A atitude é da maior importância. Freud, pelo contrário, atribui importância primordial à etiologia do caso, pois supõe que a cura da neurose se opera, assim

que as suas causas se tornam conscientes. Na verdade, o conhecimento das causas é de tão pouca serventia como, por exemplo, o conhecimento exato das causas da guerra, para ajudar a valorizar o Franco Francês. A tarefa da psicoterapia consiste em mudar a atitude consciente, e não em correr atrás de reminiscências submersas da infância. Uma coisa não é possível sem a outra, certamente, mas a ênfase deveria ser posta na atitude (consciente) do paciente. Isto tem sua razão de ser; pois quase todo neurótico gosta demais de ficar preso a seus sofrimentos passados, remoendo suas recordações cheio de autocompaixão. Muitas vezes sua neurose consiste no fato de estar preso ao seu passado e querer justificar tudo pelo que ocorreu no passado.

Como se sabe, eu critico Freud neste particular. Minha crítica, no entanto, não chega a ponto de negar o poder extraordinário da tendência retrospectiva. Ao contrário, atribuo-lhe a maior importância. Um tratamento que despreza essa tendência não teria, a meu ver, o necessário rigor. Freud, seguindo a tendência retrospectiva até o fim, chegou às descobertas que todo mundo conhece. São fatos reais, apenas na aparência; porque na realidade se trata principalmente de interpretações. Freud tem um método especial de interpretar o material psíquico; e ele chega a conclusões tipicamente suas, não só porque o material tem um aspecto sexual, mas, sobretudo, porque ele o enxerga de um determinado ângulo. Isso fica evidente, por exemplo, no seu modo de tratar os sonhos. Freud acredita que o sonho é uma fachada, que ele pode ser interpretado às avessas, e além disso, que um ou outro fator do sonho foi eliminado por algum censor etc.

A interpretação constitui, de fato, o cerne da dificuldade. Ninguém nos impede de achar que o sonho não é uma fachada, que não existe censor algum e que, durante o sonho, o inconsciente se exprime de uma maneira direta. O sonho é tão genuíno quanto a albumina na urina, o que afinal pode ser tudo, menos fachada. Quando um sonho é visto dessa forma, é evidente que as conclusões a que se chega serão totalmente diferentes. O mesmo vale para as tendências regressivas. A meu ver, elas não representam apenas uma recaída na infantilidade, mas uma tentativa genuína do homem de encontrar algo de importante para si. Não são poucas as perversões infantis, não resta dúvida. Quem nos dá a certeza, porém, de que o que aparece como desejo incestuoso – e como tal é interpretado – não é outra coisa na realidade? Se estivermos dispostos a desembaraçar-nos dos preconceitos teóricos, conscienciosamente, e a descobrir o que o paciente realmente procura em seu pai ou em sua mãe, em geral, o que encontramos, não é um desejo incestuoso, muito pelo contrário, mas uma verdadeira abominação do incesto. O que se verifica é que o paciente procura algo bem diferente, algo que Freud só avalia em seu aspecto negativo. É o sentimento de inocência infantil, de proteção e segurança, de amor mútuo, confiança e fé – enfim, algo que pode ser chamado de muitas maneiras diferentes.

56 Será que o fim dessa tendência regressiva é realmente tão sem pé nem cabeça? Ou não será precisamente disso que o paciente precisa, urgentemente, para reconstruir seu comportamento consciente?

57 Acredito que, na maioria dos casos, o desejo incestuoso, bem como os demais aspectos perversos da sexualidade não são mais do que produtos colaterais, mas que o conteúdo essencial da tendência regressiva está visível nos desejos que acabamos de mencionar. Neste sentido, não me oponho a que um paciente regrida à infância, ou mergulhe nas reminiscências infantis.

58 Reconheço que o fato de entregar-se a estas reminiscências da infância pode representar um risco para o paciente e, eventualmente, ser a sua ruína. Mas, mesmo assim, procuro motivá-lo conscientemente a lidar com essas preciosas recordações, pois confio no sentimento de seu próprio valor. Meu desejo é curá-lo. Portanto, preciso empregar todos os meios ao meu alcance para chegar a esse resultado terapêutico.

59 A tendência regressiva ensina, simplesmente, que o paciente procura a si mesmo em suas recordações infantis, às vezes em seu benefício, mas também, muitas vezes, em seu prejuízo. Até agora sua evolução foi unilateral; algumas partes essenciais de sua personalidade não foram levadas em conta, o que, finalmente, o levou a desistir. Por isso ele deve regredir. No meu livro *Tipos psicológicos*, 86, tentei mostrar a que leva esse tipo de evolução unilateral. Em princípio, há duas atitudes básicas diferentes, a distinguir. São elas: a introversão e a extroversão. Ambas as atitudes são úteis em si, contanto que estejam em certa sintonia. Só uma unilateralidade exagerada é que é perigosa. Dentro desse quadro mais geral, encontram-se diferenciações pesso-

ais, muito sutis, condicionadas pela predominância de uma determinada função psíquica. Por exemplo, quem tiver cabeça boa, desenvolverá a acuidade de seu intelecto à custa do sentimento; e o realista sempre vai depreciar as belas visões do intuitivo. Pessoas unilaterais desse tipo só costumam olhar para a infância, retrospectivamente, quando se encontram em algum beco sem saída, saudosos do paraíso perdido, do tempo em que ainda não se tinham desligado da função que agora é inferior. Ou então são os seus sonhos que reavivam lembranças mágicas, submersas há muito no passado.

Uma atitude mais idealista possibilita a interpretação das coisas de outra maneira. Assim se pode chegar a uma psicologia que também leva em conta o lado positivo. E esta é tão verdadeira quanto a que vê apenas o lado sombrio. Por que não interpretar, sempre que possível, os fatos num sentido correto e positivo? Para muitas pessoas é muito melhor. Em todo caso, é mais animador do que reduzir tudo unicamente às tendências infantis. Mas aqui também não podemos ser unilaterais; pois dizer a verdade drástica, mas salutar a certos pacientes, oportunamente, só lhes pode fazer bem.

De acordo com a ideia original de Freud, o inconsciente é uma espécie de recipiente, ou porão, para material reprimido, desejos infantis e coisas do gênero. Contudo o inconsciente é bem mais do que isso: ele é, simplesmente, a base, a condição preliminar da consciência. Representa a função inconsciente do psiquismo. É a vida psíquica antes, durante e depois da tomada de consciência. Como a criança recém-nascida, que chega ao mundo com o cérebro pronto e altamente desenvolvido, e cuja diferenciação foi formada pela experiência acumulada dos seus antepassados, no decorrer de séculos e séculos sem conta. Assim também a psique inconsciente é formada por instintos, funções e formas herdadas, já pertencentes à psique ancestral. Essa herança coletiva não consiste em noções herdadas, mas na possibilidade de semelhantes noções – em outras palavras, em categorias *a priori* de tipos de funções possíveis. Essa herança pode ser chamada de instinto, no sentido original da palavra. Aliás, o assunto não é tão simples assim; trata-se, ao contrário, de uma complicadíssima rede de condições, que costumo chamar de arquetípicas. Este fato implica que, em dada situação, o homem terá um comportamento provavelmente idêntico ao dos seus antepassados, nos tempos de Matusalém.

Logo, o inconsciente é visto como uma predisposição geral para um conservadorismo extremo, ou como que uma garantia de que jamais acontecerá algo de novo.

62 Se esta afirmação tivesse valor absoluto, não haveria lugar para a fantasia criativa. Mas como foi ela que sempre produziu e continua produzindo as mudanças e renovações radicais, em parte a nossa constatação deve ser falsa, porque a fantasia criativa existe, e não apenas como prerrogativa da psique inconsciente. No processo da fantasia criativa, os conteúdos psíquicos da esfera do inconsciente penetram no consciente. Trata-se de inspirações; algo que não pode ser comparado ao cauteloso processo do pensamento consciente. Visto por esse ângulo, o inconsciente pode ser considerado como um fator criativo, até mesmo como um audacioso inovador. Mas ao mesmo tempo ele é a cidadela do conservadorismo. Reconheço a paradoxalidade desta ideia; mas a realidade é assim mesmo. É o homem que é paradoxal; e isso não pode ser mudado.

63 Existem boas razões para que esse nosso comentário termine com um paradoxo, e essa afirmação paradoxal seja mais verdadeira do que qualquer constatação unilateral, "positiva". Mas não cabe fazer aqui um discurso lógico e pormenorizado.

64 Se tivermos presentes as considerações que acabo de fazer sobre o significado do inconsciente e a tendência regressiva, vamos entender por que essa tendência surge no paciente e como ela se justifica. As atitudes retrospectivas e introspectivas só são patológicas e erradas, quando nos detemos em futilidades, como o incesto e outras fantasias impuras ou nos sentimentos de inferioridade. A retrospecção e a introspecção deveriam ser intensificadas, porque assim o paciente poderá não só tomar conhecimento dos seus desejos infantis, como também ir mais além, e penetrar na esfera do inconsciente coletivo. Aí descobrirá o tesouro das ideias coletivas e, depois, as suas próprias forças criativas. E assim se perceberá solidário com toda a humanidade, tal como ela sempre foi e sempre será. Multiplicará dessa forma o seu modesto haver pessoal que se revelara insuficiente. As aquisições a que me refiro fortalecem a sua atitude. Esta também é a razão por que as ideias coletivas sempre tiveram tão grande importância.

65 Presumivelmente Freud ficou atolado em seu próprio pessimismo, prendendo-se a um conceito negativo e pessoal do inconsciente.

Não tem cabimento acreditar que a base vital do homem seja apenas pessoal; portanto, uma *affaire scandaleuse* particular. Esta maneira de pensar é de uma infecundidade absoluta. Corresponde à verdade na medida, digamos, de um drama de Strindberg. Ao ser rasgado o véu dessa concepção falsa e doentia, saímos da atmosfera pessoal, estreita e pesada e nos introduzimos nos vastos domínios da psique coletiva e na matriz sadia e natural da mente humana, isto é, na alma da humanidade. É só nessa base que vamos conseguir renovar a nossa postura e tornar-nos úteis.

IV
Os objetivos da psicoterapia[1]

Hoje em dia, ninguém mais contesta que as neuroses sejam distúrbios das funções psíquicas e, por isso, devam ser curadas, de preferência, por um tratamento psíquico. Mas quando se discute o problema da estrutura das neuroses e dos princípios da terapia, já não há mais a mesma unanimidade e se conclui que atualmente ainda não existe uma ideia totalmente satisfatória quanto à natureza das neuroses ou aos princípios do tratamento. Neste sentido, duas correntes ou escolas tiveram uma aceitação especial entre nós, mas mesmo assim, a lista das opiniões divergentes está longe de ser encerrada. Muitos não tomam partido e, dentro do antagonismo geral das opiniões, têm suas ideias próprias. Se quiséssemos criar um quadro com essa miscelânea, teríamos que reunir na nossa paleta o arco-íris inteiro e todos os seus matizes. Se estivesse ao meu alcance, bem que gostaria de fazê-lo, pois sinto necessidade de visualizá-las em conjunto, toda vez que as opiniões sobre um mesmo assunto se diversificam muito. Nunca consegui deixar de reconhecer por muito tempo a validade das opiniões divergentes. Tais opiniões não poderiam ter surgido, nem arrebanhado um séquito de adeptos, se não correspondessem a uma certa psicologia, a um temperamento específico, a uma realidade psíquica fundamental mais ou menos generalizada. Se excluíssemos sumariamente qualquer uma dessas opiniões, taxando-a de errônea e condenável, estaríamos simplesmente negando a existência do temperamento específico ou da realidade que lhe deram origem, e a

---

[1]. Conferência publicada no relatório do Congresso da Sociedade Alemã de Psicoterapia, 1929, e em *Seelenprobleme der Gegenwart*. 5. ed., 1950, p. 76s.

estaríamos encarando com equívoco, o que seria violentar o nosso próprio material de experiência. A receptividade que teve a teoria da sexualidade de Freud como etiologia das neuroses, bem como sua ideia de que o fenômeno psíquico gira essencialmente em torno do prazer infantil e da satisfação desse prazer, deveria ensinar ao psicólogo que essa maneira de pensar e sentir corresponde a uma disposição encontrada com relativa frequência, isto é, a uma corrente espiritual que também se manifesta simultaneamente em outros lugares, em outras circunstâncias, em outras cabeças e de outras formas, como um fenômeno psíquico coletivo – independentemente da teoria de Freud. Lembro, por um lado, os trabalhos de Havelock Ellis e August Forel e os colecionadores da *Anthropophyteia*[2] e, por outro, os experimentos sexuais da época pós-vitoriana nos países anglo-saxões, além da ampla discussão em torno do tema sexual na literatura, porventura já iniciada com os realistas franceses. Freud é um dos expoentes de uma realidade psíquica contemporânea, que, por sua vez, tem uma história própria, sobre a qual, por motivos óbvios, não podemos nos estender aqui.

Os aplausos recebidos por Adler e por Freud, tanto deste como do outro lado do oceano, são prova inegável de que a necessidade de autoafirmação, baseada na inferioridade, é para um grande número de pessoas uma explicação convincente da causa essencial das neuroses. Não se pode contestar que este ponto de vista abranja realidades psíquicas que não são levadas na devida conta pela concepção de Freud. Não será preciso mencionar mais em detalhe as condições sociais e psíquicas coletivas que correspondem à concepção de Adler, e o constituem seu porta-voz teórico. Parece que não existem dúvidas a esse respeito.

Seria um erro imperdoável menosprezar a verdade contida nas concepções tanto de Freud como de Adler, mas seria igualmente imperdoável escolher uma delas como a única verdadeira. Ambas essas verdades correspondem a realidades psíquicas. Existem, efetivamente, casos que são mais bem descritos e se explicam melhor por uma, e outros, pela outra dessas teorias.

---

2. Leipzig, 1904-1913. Os editores.

69   Não posso acusar nenhum desses autores de cometer um erro fundamental; muito pelo contrário, o que procuro é aplicar ambas as hipóteses, na medida do possível, sem perder de vista sua perfeita relatividade. Aliás, nunca me teria ocorrido separar-me de Freud, se não houvesse deparado com fatos reais que me obrigaram a modificar os meus pontos de vista. O mesmo vale em relação a Adler e sua interpretação.

70   Depois do que acabo de dizer, espero que não seja necessário salientar que percebo o mesmo relativismo em relação à verdade contida nas minhas concepções divergentes. Sinto-me apenas como representante de uma outra disposição, a ponto de quase poder confessar com Coleridge: "Creio em uma só igreja, na única que santifica e cujo único membro, por enquanto, sou eu".

71   Se hoje existe um campo, em que é indispensável ser humilde e aceitar uma pluralidade de opiniões aparentemente contraditórias, esse campo é o da psicologia aplicada. Isto porque ainda estamos longe de conhecer a fundo o objeto mais nobre da ciência – a própria alma humana. Por ora dispomos apenas de opiniões mais ou menos plausíveis, ainda inconciliáveis.

72   Logo, se venho a público para dizer algo a respeito das minhas ideias, peço, por favor, que isso não seja interpretado como propaganda de uma nova verdade, ou como anúncio de um evangelho definitivo. Na realidade, posso falar apenas das tentativas que fiz no sentido de esclarecer obscuros fatos psíquicos ou de superar dificuldades terapêuticas.

73   Gostaria de deter-me precisamente neste último ponto, pois é aí que urge introduzir modificações. Como se sabe, uma teoria incompleta pode ser suportada por muito tempo. O mesmo não se dá com um método terapêutico incompleto. Na minha prática psicoterapêutica de quase trinta anos acumulei uma série considerável de fracassos, que me influenciaram mais do que os meus sucessos. Qualquer pessoa pode ter êxito na psicoterapia, a começar pelo xamã primitivo e o benzedor. O psicoterapeuta pouco ou nada aprende com os sucessos, principalmente porque o fortalecem nos seus enganos. Os fracassos, ao invés, são experiências preciosíssimas, não só porque através deles se faz a abertura para uma verdade maior, mas também porque nos obrigam a repensar nossas concepções e métodos.

Ao mesmo tempo que reconheço que, também na prática, os meus progressos são devidos, em primeiro lugar, a Freud e, a seguir, também a Adler, posto que aplico as possibilidades oferecidas pelos seus pontos de vista na terapia dos pacientes, também tenho que mencionar que sofri muitos reveses; reveses esses que me davam a sensação de que os poderia ter evitado, se os fatos precisos, que mais tarde me obrigaram a introduzir modificações, tivessem sido levados em consideração.

74

É praticamente impossível descrever aqui todas as dificuldades com que esbarrei. Tenho que me limitar a destacar apenas alguns dos casos típicos. As maiores dificuldades, tive-as com pacientes de mais idade, isto é, de mais de quarenta anos. Com pessoas mais jovens, bastam-me, em geral, os pontos de vista já conhecidos, pois a tendência, tanto de Freud como de Adler, é ajustar os pacientes e normalizá-los. Ambos esses pontos de vista podem ser aplicados perfeitamente em pessoas jovens, aparentemente sem deixar vestígios de perturbações. A minha experiência mostrou que com pessoas de mais idade isso muitas vezes não ocorre. Aliás, a mim me parece que as realidades psíquicas fundamentais se alteram enormemente no decorrer da vida. Tanto é, que quase podemos falar de uma psicologia do amanhecer e outra, do entardecer da vida. Normalmente a vida do jovem está sob o signo de uma expansão geral, em vista de uma meta precisa a ser atingida. Parece que a sua neurose provém, sobretudo, da hesitação ou do recuo diante do rumo a seguir. Em contrapartida, a vida da pessoa que envelhece está sob o signo da contração das forças, da confirmação do que já foi alcançado e da diminuição da expansão. Sua neurose consiste essencialmente em querer persistir inadequadamente numa atitude juvenil. Assim como o jovem neurótico teme a vida, o velho recua diante da morte. A meta que outrora era normal para o jovem, torna-se um obstáculo neurótico para o velho, exatamente com a hesitação do jovem neurótico, que converte a sua dependência dos pais – originariamente normal – numa relação incestuosa, contrária à vida. É natural que a neurose, a resistência, o recalque, a transferência, as ficções etc., tenham no jovem um significado inverso do que têm no velho, apesar da aparente semelhança. Consequentemente, os objetivos da terapia também devem ser modificados. Por isso, a idade do paciente me parece um indicador ("indicium") extremamente importante.

75

76   Mas na fase juvenil também existem vários indicadores (*indicia*). A meu ver, é grande a imprudência de tratar um paciente com as características psicológicas de Adler, ou seja, um fracassado com necessidades infantis de afirmação, pelo sistema de Freud, por exemplo. E, inversamente, também seria um equívoco de gravíssimas consequências impor os pontos de vista de Adler a uma pessoa bem-sucedida na vida, com características psicológicas declaradamente libidinosas. Em caso de dúvida, podemos guiar-nos pelas resistências do paciente. Minha tendência é levar a sério as resistências mais profundas – pelo menos inicialmente – por mais paradoxal que isso possa parecer. É que tenho a convicção de que o médico não conhece necessariamente melhor do que o paciente a própria condição psíquica, pois a sua constituição também lhe pode ser totalmente inconsciente. Esta humildade do médico é perfeitamente adequada, visto que, por um lado, a psicologia universalmente válida ainda não existe, e que, por outro, os temperamentos não são todos conhecidos. Muitos psiquismos são mais ou menos individuais, e não se enquadram em nenhum dos esquemas existentes.

77   Sabe-se que reconheço duas atitudes diferentes como fundamentais em matéria de temperamento, e que, para tanto, me baseio nas diferenças típicas já apontadas por muitos conhecedores do ser humano, ou seja, a *extroversão* e a *introversão*. Esses dois tipos de comportamento também são por mim considerados indicadores ("indicia") essenciais, tanto quanto o fato de uma determinada função predominar com frequência sobre as demais[3].

78   A incrível variedade das vidas individuais realmente exige constantes modificações no tratamento, muitas vezes introduzidas pelo próprio médico de maneira totalmente inconsciente, sem que, em princípio, tenham algo a ver com a teoria que defende.

79   Na questão do temperamento, não posso deixar de mencionar que existem pessoas de postura essencialmente *espiritual* e outras, cuja atitude é essencialmente *materialista*. Tais atitudes não podem ser tidas como meros comportamentos adquiridos por acaso ou por equívoco. Não raro, correspondem a paixões inatas, que nenhuma crítica

---

3. Cf. *Psychologische Typen* (*Tipos psicológicos*), sob o item: Punção.

ou poder de persuasão é capaz de extirpar. Até existem casos em que um materialismo manifesto é assim, apenas aparentemente, pois, no fundo, não é senão a negação de um temperamento religioso. Hoje em dia, se acredita mais facilmente, ao que parece, no caso inverso, muito embora não ocorra com mais frequência do que o primeiro. No meu entender, também convém levar em conta este indicador.

Quando usamos a expressão indicadora ("indicium") até pode parecer que estamos querendo indicar esta ou aquela terapia, como é costume na medicina. Talvez até fosse certo proceder assim. Acontece, porém, que a psicoterapia contemporânea ainda não chegou a esse ponto, razão por que o termo "indicador" infelizmente não significa muito mais do que um alerta para o perigo da unilateralidade.

A psique humana é extremamente ambígua. Diante de cada caso particular, é preciso indagar se este comportamento ou aquele traço de caráter é verdadeiro, ou simplesmente uma compensação do seu contrário. Devo confessar que tantas vezes me enganei nesse aspecto, que no caso concreto me abstenho de usar, na medida do possível, o que a teoria preconceitua a respeito da estrutura da neurose e do que o paciente pode e deve fazer, e deixo a pura experiência decidir quanto aos objetivos terapêuticos. Isto talvez possa parecer estranho, pois normalmente se supõe que o terapeuta tenha um objetivo. Em psicoterapia, considero até aconselhável que o médico não tenha objetivos demasiado precisos, pois dificilmente ele vai saber mais do que a própria natureza ou a vontade de viver do paciente. As grandes decisões da vida humana estão, em regra, muito mais sujeitas aos instintos e a outros misteriosos fatores inconscientes do que à vontade consciente, ao bom-senso, por mais bem intencionados que sejam. O sapato que serve num pé, aperta no outro, e não existe uma receita de vida válida para todo mundo. Cada qual tem sua forma de vida dentro de si, sua forma irracional, que não pode ser suplantada por outra qualquer.

Nada disso impede, naturalmente, que se prossiga com a normalização e a racionalização até onde for possível. Com um resultado terapêutico satisfatório, provavelmente pode dar-se o caso por encerrado. Se assim não for, a terapia não terá outro recurso a não ser orientar-se pelos dados irracionais do doente. Neste caso, a natureza nos servirá de guia, e a função do médico será muito mais desenvolver os germes criativos existentes dentro do paciente do que propriamente tratá-lo.

83 O que tenho a dizer começa no ponto em que o tratamento termina, e onde começa a evolução. Como se vê, minha contribuição à questão da terapia limita-se, portanto, aos casos em que os resultados obtidos com o tratamento racional não são satisfatórios. O material casuístico que tenho à minha disposição compõe-se de maneira singular: Há uma decidida minoria de casos novos. A maioria deles já se submeteu anteriormente a alguma forma de tratamento psicoterapêutico, com resultados parciais ou negativos. Aproximadamente um terço dos meus clientes nem chega a sofrer de neuroses clinicamente definidas. Estão doentes devido à falta de sentido e conteúdo de suas vidas. Não me oponho a que se chame essa doença de neurose contemporânea generalizada. No mínimo, dois terços dos meus pacientes estão na segunda metade da vida.

84 Essa clientela singular demonstra uma resistência especial aos métodos racionais de tratamento. De certo porque, em geral, se trata de indivíduos socialmente bem ajustados, muitas vezes altamente capacitados, para os quais a normalização não tem o menor sentido. No que diz respeito às pessoas que chamamos de normais, tenho menos condições ainda de oferecer-lhes uma filosofia de vida pronta. Na maioria dos meus clientes, os recursos do consciente estão esgotados – a expressão inglesa usual: "I am stuck" = "Estou encalhado" – define bem o seu estado. É este fato, sobretudo, que me obriga a sair em busca de alternativas desconhecidas. A perguntas como: "Qual é seu conselho? Que devo fazer?" não sei responder, pois nem eu mesmo sei. Só sei de uma coisa: é que, quando o meu consciente encalha por não encontrar saídas viáveis, minha alma inconsciente vai reagir a essa estagnação insuportável.

85 Esse ficar estagnado é um processo psíquico. No decurso da evolução da humanidade esse fato repetiu-se incontáveis vezes, e até se tornou tema de inúmeros contos e mitos, como os que falam da chave mágica para abrir um portão trancado, ou então de um animal prestativo que vem ajudar alguém a encontrar o caminho oculto. Em outras palavras: ficar estagnado é um episódio típico que também deve ter dado origem a reações e compensações típicas no decorrer

dos tempos. Por isso, é provável que algo de semelhante ocorra nas reações do inconsciente, como nos sonhos, por exemplo.

Nestes casos, o que viso, em primeiro lugar, são os sonhos. Não o faço por teimosia, por querer resolver as coisas por meio dos sonhos custe o que custar, ou por ter uma teoria misteriosa a respeito do sonho, que predetermina o que deve acontecer, mas simplesmente porque não tenho outra saída. Não sei a que mais recorrer. Por isso é que tento encontrar uma pista nos sonhos. Estes dão ensejo à imaginação, que tem que ser indício de alguma coisa. Isso já é mais do que nada. Não possuo uma teoria do sonho. Nem sei como se formam os sonhos. Nem tenho certeza se meu modo de lidar com os sonhos realmente merece o nome de *método*. Faço meus todos os preconceitos contra a interpretação dos sonhos como sendo a quinta-essência de toda incerteza e arbitrariedade. Mas, por outro lado, sei que quase sempre dá bons resultados fazer uma meditação verdadeira e profunda sobre o sonho, isto é, quando o carregamos dentro de nós por muito tempo. Evidentemente, esses resultados não são científicos. Não se prestam ao exibicionismo, nem permitem que sejam racionalizados. Mas na prática é um aviso importante, que indica ao paciente em que direção aponta o inconsciente. Não posso deter-me na questão de saber se os resultados da meditação sobre o sonho são seguros ou cientificamente comprováveis. Se isso me preocupasse, estaria perseguindo um objetivo secundário, autoerótico. Devo contentar-me simplesmente com o fato de que ele significa algo para o paciente e faz fluir a sua vida. O único critério que posso admitir, portanto, é que o meu esforço seja *eficaz*. Meu *hobby* científico, ou seja, a vontade de entender sempre por que ele é eficaz, tem que ser relegado às minhas horas de lazer.

Os conteúdos dos sonhos iniciais, isto é, dos sonhos que se têm, no início deste tipo de empreendimento, são infinitamente diversificados. No princípio, os sonhos voltam-se frequentemente para o passado, e lembram coisas esquecidas e perdidas. Muitas vezes, essas estagnações, acompanhadas de desorientação, ocorrem quando a vida se tornou unilateral. Nesses pacientes pode ocorrer subitamente uma perda de libido. Toda atividade exercida até então perde o interesse e se torna sem sentido. De repente, suas metas perdem todos os atrativos. O que em algumas pessoas pode ser um estado apenas passageiro, pode tornar-se crônico em outras. Em muitos desses casos, sucede que as oportunidades de um desenvolvimento da personalidade, diverso do que se deu na realidade, ficaram soterradas num ponto qualquer do passado e ninguém sabe disso, nem o próprio paciente. O sonho, porém, pode levantar pistas.

88 Em outros casos, o sonho pode referir-se a realidades do presente, que o consciente nunca admitiu como sendo problemáticas ou conflitantes, como, por exemplo, o casamento, a posição social etc.

89 Essas pistas oferecidas pelos sonhos iniciais, a que aludimos há pouco, ainda estão dentro do âmbito do racional. Provavelmente não me seria difícil torná-los inteligíveis. A dificuldade real começa somente, quando os sonhos não indicam coisas palpáveis, e isso acontece com frequência, principalmente quando tentam antecipar coisas futuras. Não seriam necessariamente sonhos proféticos, mas apenas sonhos de pressentimento ou "recognitivos". Sonhos desse tipo contêm intuições de coisas possíveis. Por isso nunca são inteligíveis para quem não está em jogo. Muitas vezes, nem eu consigo ver plausibilidade neles; por isso costumo dizer ao paciente nesses casos: "Não acredito. Mas vá em frente; siga os rastros". Como já ficou dito, o único critério é o efeito estimulante eficaz, mas isso não quer dizer que tenhamos que entender por que tal estímulo ocorre.

90 Isso vale principalmente para os sonhos de conteúdo "metafísico inconsciente", isto é, que contenham analogias mitológicas. Nestes casos, pode-se sonhar com formas bizarras inacreditáveis, desconcertantes até, a princípio.

91 Há de se objetar, certamente, como é que sei que os sonhos têm algo a ver com uma "metafísica inconsciente". Devo confessar que não sei se os sonhos têm realmente esse conteúdo. O que sei a respeito dos sonhos é muito pouco. Vejo apenas a sua eficácia sobre o paciente. Quanto a isso, gostaria de dar um pequeno exemplo.

92 Num longo sonho de um cliente meu, considerado "normal", em início de terapia, o fato principal era que a sobrinha, filha de uma irmã, estava doente. Era uma menina de dois anos.

93 Na realidade, pouco tempo antes, sua irmã havia perdido um menino por doença, mas nenhum dos seus outros filhos estava doente. À primeira vista, não havia explicação para o fato de sonhar com a crian-

ça doente. E isso, porque não devia estar coincidindo com a realidade. As relações entre o sonhador e sua irmã eram distantes; não havia muita intimidade entre eles. Por esse motivo, meu cliente sentia-se pessoalmente pouco envolvido. Mas, subitamente, lembrou-se de que dois anos antes tinha começado a estudar ocultismo, tendo descoberto a psicologia na mesma ocasião. Logo, a criança devia ser o seu interesse pelas coisas psíquicas – um pensamento que a mim nunca me poderia ter ocorrido. Sob o aspecto puramente teórico, essa imagem do sonho pode significar tudo ou nada. Pode acontecer que uma coisa ou um fato tenha um significado em si? A única coisa certa é que quem interpreta, ou quem dá o significado, é sempre o homem. Por ora, isso é essencial para a psicologia. Para o sonhador, a ideia de que o estudo do ocultismo pudesse ser patológico era nova e interessante. De certa forma, causou-lhe um impacto. E é isso que é decisivo: funciona, independentemente do que pensemos ou deixemos de pensar a respeito. Esse pensamento foi recebido como uma crítica, e como tal propiciou certa mudança de atitude. Essas ligeiras mudanças, que nem poderiam ser imaginadas racionalmente, é que põem as coisas em andamento, e, pelo menos em princípio, a estagnação já está superada.

Usando este exemplo num sentido figurado, eu poderia dizer que o sonho achou que os estudos acerca do ocultismo eram patológicos. É neste sentido que posso falar de uma *"metafísica inconsciente"*: quando, através do seu sonho, o sonhador é levado a ter ideias desse tipo.

Mas não paro aqui. Vou mais longe, pois não dou a oportunidade de ter inspirações a respeito dos seus sonhos apenas ao paciente; dou-a a mim também. Minhas ideias e opiniões também lhe são propostas. Se surtirem efeito pela simples sugestão, tanto melhor, pois, como se sabe, só nos deixamos sugestionar por aquilo que, de alguma forma, já estamos preparados a receber. Nesse jogo de adivinhação, às vezes nos enganamos; mas não tem importância. Na primeira oportunidade, o engano será rejeitado, como um corpo estranho. Não é preciso provar que a minha maneira de interpretar o sonho está correta. Não teria sentido. Mas o que é preciso fazer é procurar, junto com o paciente, o fator *eficaz* – quase ia dizendo, a coisa *verdadeira*.

Por isso, é de extrema importância para mim ter a maior quantidade de informações possível, a respeito da psicologia primitiva, da mitologia, arqueologia e história das religiões comparadas, pois essas áreas me fornecem preciosíssimas analogias, que servem para enriquecer as inspirações dos meus pacientes. Juntos poderemos fazer com que as coisas, aparentemente sem sentido, se acerquem da zona rica em significado, favorecendo consideravelmente as ocasiões de se produzir a coisa eficaz. Aliás, para o leigo – que já fez o que estava ao seu alcance no nível pessoal e racional, e, mesmo assim, não conseguiu descobrir qualquer sentido ou satisfação – a oportunidade de poder penetrar na esfera irracional da vida e da experiência, vai ter uma importância incalculável. Com isso, também mudará o seu dia a dia normal, que até pode adquirir um novo interesse. Afinal, a maioria das coisas depende muito mais da maneira como as encaramos, e não de como são em si. Vale muito mais a pena viver as pequeninas coisas com sentido, do que as maiores, sem sentido algum.

97   Creio não subestimar o risco deste empreendimento. É como se estivéssemos começando a construir uma ponte em direção ao céu. Poder-se-ia até objetar ironicamente – isso, aliás, já foi feito muitas vezes – que ao procederem assim, médico e paciente, no fundo, só estão fantasiando juntos.

98   Essa objeção nem é um contra-argumento, pois acerta o alvo em cheio. O meu esforço consiste justamente em fantasiar junto com o paciente. Pois não é pouca a importância que dou à fantasia. Em última análise, a fantasia é para mim o poder criativo materno do espírito masculino. No fundo, no fundo, nunca superamos a fantasia. Existem fantasias sem valor, deficientes, doentias, insatisfatórias, não resta a menor dúvida. Em pouco tempo, qualquer pessoa de mente sadia percebe a esterilidade de tais fantasias. No entanto, como é sabido, o erro não invalida a regra. Toda obra humana é fruto da fantasia criativa. Se assim é, como fazer pouco caso do poder da imaginação? Além disso, normalmente, a fantasia não erra, porque a sua ligação com a base instintual humana e animal é por demais profunda e íntima. É surpreendente como ela sempre chega a propósito. O poder da imaginação, com sua atividade criativa, liberta o homem da prisão da sua pequenez, do ser "só isso", e o eleva ao estado lúdico. O homem, como diz Schiller, "só é totalmente homem, quando brinca"[4].

---

4. SCHILLER. *Über die ästhetische Erziehung des Menschen*. 15ª carta.

O que viso é produzir algo de eficaz, é produzir um estado psíquico, em que meu paciente comece a fazer experiências com seu ser, um ser em que nada mais é definitivo nem irremediavelmente petrificado; é produzir um estado de fluidez, de transformação e de vir a ser. Minha técnica só pode ser apresentada em seus princípios, evidentemente. Os leitores que, por acaso, estão familiarizados com a minha obra, podem extrair os paralelos necessários. Gostaria apenas de destacar aqui que a minha maneira de proceder não pode ser interpretada como não tendo metas nem limites. De fato, a regra que sempre sigo é nunca ir além do significado contido no fator eficaz; em cada caso, esforço-me apenas para que o paciente tome, o quanto possível, consciência desse significado, a fim de que ele perceba que o mesmo também tem uma dimensão que ultrapassa o nível pessoal. Explico-me: quando algo sucede a alguém e essa pessoa acredita que só a ela isso pode acontecer – e na realidade o mesmo acontece a muita gente – ela está tendo, evidentemente, uma atitude incorreta, demasiadamente pessoal. Por isso é excluída da comunidade humana. Da mesma forma, é preciso não só ter uma consciência pessoal do momento presente, mas também uma consciência que transcenda o pessoal, cuja alma perceba a continuidade histórica. Por mais abstrato que possa parecer, é uma realidade encontrada na prática que a causa de inúmeras neuroses está principalmente no fato de as necessidades religiosas da alma não serem mais levadas a sério, devido à paixão infantil do entendimento racional. Afinal, o psicólogo dos nossos dias deveria saber que o que importa já não são dogmas e credos, mas sim toda uma atitude religiosa, que tem uma função psíquica de incalculável alcance. A continuidade histórica é imprescindível justamente para essa função religiosa.

Voltando ao problema da minha técnica, pergunto-me até que ponto posso considerar que Freud contribuiu para sua elaboração. Em todo caso, aprendi esta técnica a partir do método da livre associação de Freud e a considero um aperfeiçoamento diretamente decorrente dela.

Enquanto o paciente necessitar a minha ajuda para descobrir os momentos eficazes dos seus sonhos, e eu tiver que esforçar-me por mostrar-lhe o sentido geral de seus símbolos, ele ainda não saiu do estado psíquico infantil. Por um lado, ele depende dos seus sonhos e se pergunta, ansioso, se o sonho seguinte vai iluminar um novo trecho de sua vida. Por outro, depende das minhas ideias a respeito – se eu as tiver – para que os meus conhecimentos lhe proporcionem outros *insights*. Logo, seu estado ainda é passivo e pouco propício; tudo ainda é um tanto inseguro e duvidoso. Porque nem ele nem eu sabemos para onde nos conduz a viagem. Muitas vezes não passa de um tatear nas trevas, nas trevas bíblicas do Egito. Nesse estado, nem se espera uma eficácia maior, pois a incerteza é grande demais. Além disso, corremos frequentemente o perigo de que o tecido que tecemos durante o dia se desmanche durante a noite. O perigo a que me refiro é que nada se construa – no sentido concreto da palavra – isto é, que nada permaneça de pé. Nessas situações, não raro, sobrevêm um sonho particularmente colorido ou com estranhas figuras. O paciente, então, me diz: "Sabe? se eu fosse pintor, pintaria um quadro desse sonho". Ou então, os sonhos falam de fotografias, de desenhos ou pinturas, de iluminuras ou cinema.

102 Tenho tirado proveito desses avisos. Por isso estimulo meus pacientes, nessas horas, a pintar de verdade o que viram no sonho ou na fantasia. Em geral objetam que não são pintores: costumo responder que os pintores, hoje em dia, também não o são, que atualmente a arte é totalmente livre, e que o que importa não é a perfeição do quadro, mas unicamente o esforço que se faz para pintá-lo. Recentemente, pude observar o quanto era verdadeira essa afirmação numa cliente minha, retratista profissional de grande talento. Suas tentativas iniciais foram desajeitadas como as de uma criança, até conseguir pintar do modo que eu lhe sugeria. Era literalmente como se jamais tivesse segurado um pincel na mão. É que a arte de pintar exterior é bem diferente do que pintar de dentro para fora.

103 Assim sendo, muitos dos meus pacientes mais adiantados começam a pintar. Compreendo que as pessoas fiquem profundamente intrigadas com esse diletantismo totalmente inútil. Mas não podemos esquecer que não se trata de pessoas que ainda não tiveram oportunidade de provar sua utilidade social, e sim, de pessoas que já não conseguem encontrar sua razão de ser na utilidade social, e que se defrontam com a questão mais profunda e mais perigosa do sentido da sua vida individual. Ser uma partícula dentro da massa só tem atrativo e sentido para quem nunca chegou a sê-lo; não para quem já o vi-

veu até o fastio total. O sentido da vida individual e sua importância podem ser negados por aquele que está abaixo do nível normal de ajustamento dentro da sociedade, e será negada sempre por aquele cuja ambição é ser criador de rebanhos. Quem não pertence nem a uma, nem à outra dessas categorias, confrontar-se-á, mais cedo ou mais tarde, com esse penoso problema.

Ainda que ocasionalmente os meus pacientes produzam obras de grande beleza, boas para serem expostas em mostras de "arte" moderna, eu as considero totalmente desprovidas de valor artístico, quando medidas pelos padrões da arte verdadeira. É essencial até que não tenham valor, pois, do contrário, meus pacientes poderiam considerar-se artistas, e isso seria fugir totalmente à finalidade do exercício. Não é arte, e aliás, nem deve sê-lo. É bem mais que isso; é algo bem diverso do que simplesmente arte; trata-se da eficácia da vida sobre o próprio paciente. Aquilo que do ponto de vista social não é valorizado, passa a ocupar aqui o primeiro plano, isto é, o sentido da vida individual, que faz com que o paciente se esforce por traduzir o indizível em formas visíveis. Desajeitadamente. Como uma criança. 104

Mas, afinal, por que razão levo os pacientes a se exprimirem por meio de um pincel, de um lápis, de uma pena, quando atingem um certo estágio em sua evolução? 105

Antes de mais nada, o que interessa é que se produza um efeito. No estágio psicológico infantil acima descrito, o paciente permanece passivo. Nesta fase, passa a ser ativo. Passa a representar coisas que antes só via passivamente e dessa maneira elas se transformam em um ato seu. Não se limita a falar do assunto. Também o executa. Psicologicamente isso faz uma diferença incalculável: uma conversa interessante com o terapeuta, algumas vezes por semana, mas com resultados que – de alguma forma – ficam no ar, é totalmente diferente do que ficar horas a fio, às voltas com obstinados pincéis e tintas, para produzir algo, que à primeira vista parece não ter o menor sentido. Se para o paciente esse pintar realmente não tivesse sentido, o esforço exigido lhe repugnaria tanto, que dificilmente o convenceríamos a pegar no pincel uma segunda vez. Mas é porque a sua fantasia não lhe parece totalmente desprovida de sentido que, ao ativá-la, o efeito se acentua. Além disso, a execução material do quadro obriga-o a contemplar cuidadosa e constantemente todos os seus detalhes. Isso faz 106 com que o efeito seja plenamente desenvolvido. Desse modo, introduz-se na fantasia um momento de realidade, o que lhe confere um peso maior e, consequentemente, lhe aumenta o efeito. A pintura de quadros pelo próprio paciente produz efeitos incontestáveis, embora esses efeitos sejam difíceis de descrever. Basta, por exemplo, que um paciente perceba que, por diversas vezes, o fato de pintar um quadro o liberta de um estado psíquico deplorável, para que ele lance mão desse recurso cada vez que seu estado piora. O valor dessa descoberta é inestimável, pois é o primeiro passo para a independência, a passagem para o estado psicológico adulto. Usando esse método – se me for permitido usar este termo – o paciente pode tornar-se independente em sua criatividade. Já não depende dos sonhos, nem dos conhecimentos do médico, pois, ao pintar-se a si mesmo – digamos assim – ele está se plasmando. O que pinta são fantasias ativas – aquilo que está mobilizado dentro de si. E o que está mobilizado é ele mesmo, mas já não mais no sentido equivocado anterior, quando considerava que o seu "eu" pessoal e o seu "*self*" eram uma e a mesma coisa. Agora há um sentido novo, que antes lhe era desconhecido: seu eu aparece como objeto daquilo que está atuando dentro dele. Numa série interminável de quadros, o paciente esforça-se por representar, exaustivamente, o que sente mobilizado dentro de si, para descobrir, finalmente, que é o eterno desconhecido, o eternamente outro, o fundo mais fundo da nossa alma.

107 Não me é possível dizer quais os pontos de vista e os valores que são assim modificados, nem como o centro de gravitação da personalidade é deslocado. É como se a terra tivesse descoberto que o sol é o centro das trajetórias dos planetas e do seu próprio percurso.

108 Mas então já não sabíamos essas coisas há muito tempo? Acredito que sim. Mas quando sei alguma coisa, o outro dentro de mim está longe de sabê-lo, pois, na realidade, vivo como se não o soubesse. A maioria dos meus pacientes sabia-o, mas não o vivia. E por que não o vivia? Certamente pelo mesmo motivo que faz com que todos nós vivamos a partir do eu. É esta a razão por que *superestimamos o consciente*.

109 Para o jovem que ainda não se ajustou e nem obteve sucesso na vida, é extremamente importante formar o seu eu consciente da maneira mais eficaz possível, isto é, educar a sua vontade. A não ser que seja um gênio, ele nem deve acreditar que algo esteja atuando dentro

dele que não se identifique com a sua vontade. Ele tem que se sentir um ser volitivo. Convém até que desvalorize as outras coisas dentro de si, ou que as considere dependentes de sua vontade, pois sem essa ilusão provavelmente não conseguiria ajustar-se socialmente.

Mas as coisas mudam quando o homem entra na segunda metade da vida. Aí ele já não tem necessidade de educar sua vontade consciente, mas precisa da experiência do seu próprio ser, para entender o sentido da sua vida individual. Para ele, a utilidade social já deixou de ser um fim, embora não lhe negue o valor. Sente sua atividade criadora – cuja inutilidade social lhe parece evidente – como um trabalho que lhe é benéfico. Sua atividade também vai libertá-lo progressivamente da dependência doentia; com isso, vai adquirindo firmeza interior e renovando sua autoconfiança. Estas últimas conquistas, por sua vez, vão reverter em novos benefícios para a vida social do paciente. Pois uma pessoa interiormente segura e autoconfiante está mais bem preparada para suas funções sociais do que alguém que não está bem com o seu inconsciente.

Evitei ao máximo a teoria propositadamente, para que a minha conferência não se tornasse pesada; por isso, deixei diversos pontos obscuros, sem explicação. No entanto, para que os quadros produzidos pelos meus pacientes se tornem inteligíveis, sou obrigado a me deter em certos conceitos teóricos. Todos esses quadros têm um caráter marcadamente simbólico e primitivo, o que se manifesta tanto através do desenho quanto da cor. Em geral, as cores são de uma intensidade selvagem, e frequentemente se nota um inconfundível arcaísmo. Estas características indicam a natureza das forças criativas subjacentes. Trata-se de tendências irracionais, simbológicas, de caráter histórico ou arcaico tão definido, que não é difícil traçar o seu paralelo com formações semelhantes na arqueologia e na história das religiões comparadas. Assim sendo, é lícito supor que os nossos trabalhos pictóricos provenham principalmente das regiões da psique, que designei como *inconsciente coletivo*. Entendo por esta expressão um funcionamento psíquico inconsciente, genérico, humano, que está na origem não só das nossas representações simbólicas modernas, mas também de todos os produtos análogos do passado da humanidade. Tais imagens brotam de uma necessidade natural, e esta, por sua vez, é por elas satisfeita. É como se a psique, ao remontar ao estado primitivo, se exprimisse nessas imagens, e assim obtivesse uma possibilidade de funcionar em conjunto com o nosso consciente, que é de natureza diferente, e isso eliminasse – ou melhor, satisfizesse – as exigências da psique que perturbam o consciente. Devo acrescentar, contudo, que a atividade meramente pictórica, em si, não basta. Além dessas representações, é necessário compreender intelectual e emocionalmente as imagens, a fim de integrá-las ao consciente, não só racional, mas também moralmente. Elas também têm que ser submetidas a um trabalho de interpretação sintética. Apesar de ter percorrido esse caminho com muitos pacientes, individualmente, até agora ainda não consegui esclarecer e publicar o processo em todas as suas particularidades.[5] Por enquanto, isso só foi feito parcialmente. O terreno que pisamos é totalmente inexplorado, e o que importa, em primeiro lugar, é adquirir suficiente experiência. Por motivos extremamente sérios, quero evitar – por se tratar deste campo precisamente – toda conclusão precipitada. Está em jogo um processo vital, extraconsciente da alma, que aqui temos a oportunidade de observar indiretamente. Ainda não sabemos até que desconhecidas profundezas o nosso olhar pode penetrar nesse processo. Como dei a entender há pouco, parece que se trata de uma espécie de procura do centro. Muitas imagens decisivas – percebidas como tais principalmente pelo próprio paciente – apontam nessa direção. Nesse processo da procura do centro, parece que o que chamamos de eu ocupa uma posição periférica. Ao que parece, essa mudança é provocada pelo afloramento da parte histórica da alma. Por ora, a finalidade desse fenômeno permanece obscura. A única coisa que podemos constatar é seu notável efeito sobre a personalidade consciente. O fato de essa mudança intensificar a sensação de vida e manter a sua fluidez deve levar-nos a concluir que uma função toda especial lhe é inerente. Poderíamos falar de uma nova ilusão. Mas o que é ilusão? De que pontos de vista nos permitem definir algo como ilusório? Será que existe algo dentro da alma que possa ser chamado de "ilusão"? Quem sabe se essa ilusão é para a alma a forma mais importante e indispensável de vida, como o oxigênio para o organismo? Aquilo que chamamos de "ilusão" é, talvez, uma realidade psíquica de supre-

---

5. Desde então esta falha foi superada. Ver *Zur Empirie des Individuationsprozesses*.

ma importância. A alma, provavelmente, não se importa com as nossas categorias de realidade. Parece que para ela é *real* tudo o que antes de mais nada é *eficaz*. Quem quiser sondar a alma, não pode confundi-la com o seu consciente, senão acabará ocultando o objeto da pesquisa a seus próprios olhos. Muito pelo contrário, ainda temos que descobrir o quanto a alma difere do consciente para sermos capazes de reconhecê-la. Logo, a coisa mais provável é que é para ela realidade o que nós chamamos de ilusão, e, portanto, nada seria mais incomensurável do que medir a realidade anímica pelos nossos padrões conscientes. Para o psicólogo, nada há de mais estúpido do que o ponto de vista do missionário que declara ilusórios os deuses dos pobres pagãos. No entanto, infelizmente, hoje ainda se costuma dogmatizar, como se aquilo que chamamos de realidade também não fosse ilusório. No domínio psíquico, como na experiência em geral, realidade são os fatores eficazes. Não importa quais os nomes que o homem lhes dê. O importante é entender essas realidades como tais, dentro da medida do possível. Não se trata de substituir um nome por outro. Assim sendo, o espírito não deixa de ser espírito para a alma, ainda que o chamemos de sexualidade.

Repito: esses nomes e mudanças de nomes nada têm a ver com a essência do processo descrito. Como todo o estar aí (*Seiende*), ele não se esgota nos conceitos racionais do consciente. Por conseguinte, os meus pacientes têm razão quando preferem as imagens e as interpretações simbólicas, como o que há de mais adequado e eficaz.

É isso, mais ou menos, o que tinha a apresentar, numa exposição como esta, sobre as linhas gerais dos conceitos e intenções da minha terapia. Dou-me por satisfeito, se pôde servir de estímulo. Apenas de estímulo.

V
Os problemas da psicoterapia moderna[1]

114 Hoje em dia, a opinião pública confunde psicoterapia, ou seja, tratamento da alma e tratamento psíquico, com psicanálise.

115 A palavra "psicanálise" vulgarizou-se a tal ponto, que quem usa o termo até parece entender o que ele significa. No entanto, em geral, o leigo desconhece o significado real da palavra: de acordo com a vontade de seu criador, ela designa apenas, e acertadamente, o método inaugurado por Freud, para reduzir complexos de sintomas psíquicos a certos processos instintivos recalcados; e, na medida em que esse procedimento não é possível sem a base conceptual corresponde, o conceito da psicanálise e inclui também certos pressupostos teóricos, a saber, a teoria sexual de Freud, conforme exigência expressa do seu autor. Mas, ao invés disso, o leigo explica o termo psicanálise, sem distinção, a todas as tentativas modernas de conhecer a alma por intermédio de métodos científicos. Sendo assim, até a escola adleriana tem que tolerar que a rotulem como "psicanálise", apesar da oposição aparentemente inconfundível entre as concepções e os métodos de Adler e Freud. Em vista disso, o próprio Adler não dá a sua psicologia o nome de "psicanálise", mas sim, o de "psicologia individual"; quanto a mim, prefiro a expressão "psicologia analítica", para minha conceituação, procurando um modo genérico de englobar a "psicanálise", a "psicologia individual" e outras tendências no campo da *psicologia complexa*.

---

1. Publicado no Schweizerisches Medizinisches Jahrbuch, 1929, e em *Seelenprobleme der Gegenwart*. 5. ed., 1950, p. 1s.

Já que existe uma só alma humana, também deve existir uma só psicologia, pensa o leigo, e por essa razão deve considerar as distinções como sofisticações subjetivas, ou até como um exibicionismo próprio de gente que procura autopromover-se. Não seria difícil para mim prosseguir com a enumeração das "psicologias", se quisesse citar outras pesquisas no mesmo sentido, que não estão incluídas na "psicologia analítica". Existem realmente muitos métodos diferentes, pontos de vista, opiniões e convicções, que estão em conflito umas com as outras, principalmente por não se compreenderem e não se aceitarem mutuamente. A variedade e divergências das opiniões contemporâneas em matéria de psicologia são realmente surpreendentes, o que as torna inacessíveis e desconcertantes para o leigo.

116

Se num manual de patologia constar que para uma determinada doença são indicados numerosos remédios e das mais variadas espécies, poderemos concluir daí que nenhum deles deve ser realmente eficaz. Assim também, se nos indicarem muitos caminhos diferentes para chegarmos à alma, então poderemos concluir tranquilamente que nenhum deles é infalível na consecução do objetivo, e que, provavelmente, os menos recomendáveis são os apregoados com fanatismo. A multiplicidade das psicologias contemporâneas é, na verdade, sinal de insegurança. Pouco a pouco, o acesso à alma, como a própria alma, aliás, vai revelando sua grande dificuldade, vai-se evidenciando sua enorme problematicidade. Consequentemente, não é surpreendente que as experiências se acumulem, numa tentativa de acercar-se do enigma inatingível, por enfoques sempre novos, por ângulos cada vez diferentes. É inevitável, portanto, que os pontos de vista e as opiniões se entrechoquem e se multipliquem.

117

Hão de concordar comigo que falar de "psicanálise", hoje em dia, não é limitar-se à sua simples definição, mas referir-se de um modo geral aos sucessos e fracassos de todos os esforços empreendidos no sentido de resolver o problema psíquico, e que englobamos sob o conceito de psicologia analítica.

118

A propósito, por que hoje, de repente, esse interesse tão grande pela alma humana como fato empírico? Durante milênios não era assim. Intercalo esta pergunta, aparentemente deslocada, apenas para fazê-la; não para responder. Não que não seja pertinente, pois o inte-

119

resse atual pela psicologia tem uma certa ligação subterrânea, mas deliberada, com esta indagação.

120 A origem do conceito que o leigo tem de "psicanálise" hoje em dia está na medicina prática, razão por que se trata em geral de psicologia médica. O consultório médico deixou nessa psicologia sua marca inconfundível. Isso se revela não só na terminologia, mas também na formação do conceito teórico. Em toda parte nos deparamos primeiro com os pressupostos científico-biológicos dos médicos. Daí, em grande parte, a distância que separa as ciências humanas acadêmicas da psicologia moderna, já que as explicações desta última são de natureza irracional, enquanto que as ciências humanas se fundamentam no espírito. A distância entre natureza e espírito, que por si só já é difícil transpor, aumenta mais ainda com a nomenclatura médico-biológica a sua visão mecanicista, o que muitas vezes dificulta a sua aceitação numa visão mais tolerante.

121 Quero deixar consignado que não considero inoportunas as observações gerais feitas acima, diante da confusão dos conceitos reinantes nesse campo, mas passo agora a tratar do nosso problema específico, ou seja, da psicologia analítica e do que ela realiza.

122 Devido à extrema diversidade das tendências da nossa psicologia, é imenso o esforço que temos que fazer para sintetizar os pontos de vista. Faço, portanto, esta tentativa de dividir as propostas e o trabalho, em classes, ou melhor, em etapas, com a reserva expressa de que se trata de um empreendimento provisório, que poderá ser taxado de arbitrário, tão arbitrário, digamos, como estender uma rede trigonométrica sobre um país. Em todo caso, vou arriscar-me a enfocar o resultado global em quatro etapas: a *confissão*, o *esclarecimento*, a *educação* e a *transformação*. Passo ao comentário dessas denominações, talvez um tanto estranhas.

123 As origens de qualquer tratamento analítico da alma estão no modelo do Sacramento da Confissão. Mas como essa origem não é uma relação causal, mas uma conexão pela raiz, irracional e psíquica, torna-se difícil, para quem está de fora, relacionar os fundamentos da psicanálise com a instituição religiosa da confissão.

124 No momento em que o espírito humano conseguiu inventar a ideia do pecado, surgiu a parte oculta do psiquismo; em linguagem

analítica: a coisa recalcada. O que é oculto é segredo. O possuir um segredo tem o mesmo efeito do veneno, de um veneno psíquico que torna o portador do segredo estranho à comunidade. Mas esse veneno, em pequenas doses, pode ser um medicamento preciosíssimo, e até uma condição prévia indispensável a qualquer diferenciação individual. Tanto é que o homem primitivo já sente fatalmente a necessidade de inventar mistérios, a fim de, possuindo-os, proteger-se contra a sua absorção pura e simples no inconsciente da coletividade, como se isso fosse um perigo mortal para a alma. Estão a serviço desse instinto de diferenciação, sabidamente, os antiquíssimos e muito conhecidos ritos de iniciação, com seus cultos e mistérios. Os próprios sacramentos cristãos eram considerados mistérios na Igreja Primitiva e – como o batismo – eram celebrados em lugares à parte, e mencionados apenas em linguagem alegórica.

Um segredo partilhado com diversas pessoas é tão construtivo, quanto destrutivo é o segredo estritamente pessoal. Este tem o mesmo efeito da culpa, segregando seu infeliz portador do convívio com os demais seres humanos. Quando se tem consciência daquilo que se oculta, o prejuízo é evidentemente menor do que quando não se sabe que se está recalcando e o *que* se recalca. Neste último caso, o conteúdo secreto já não é conscientemente encoberto, mas é oculto até perante si mesmo; separa-se da consciência na forma de um complexo autônomo, e leva como que uma existência autônoma na esfera da alma inconsciente, sem ser perturbado por interferências e correções conscientes. O complexo forma, por assim dizer, uma pequena psique fechada, cuja fantasia desenvolve uma atividade própria. Aliás, a fantasia é a atividade espontânea da alma, que sempre irrompe quando a inibição provocada pela consciência diminui ou cessa por completo, como no sono. Durante o sono, a fantasia manifesta-se em forma de sonho. Mas mesmo acordados, continuamos sonhando subliminarmente, e isso principalmente devido aos complexos recalcados ou de algum modo inconscientes. Por falar nisso, os conteúdos inconscientes não consistem, nem de longe, apenas em complexos que outrora foram conscientes e que mais tarde se tornaram inconscientes através do recalque. O inconsciente também tem conteúdos próprios, que brotam de regiões profundas, desconhecidas, e depois se desenvolvem, para, pouco a pouco, atingirem a consciência. Assim

125

sendo, não se deve imaginar a psique inconsciente simplesmente como um recipiente de conteúdos rejeitados pelo consciente.

126 Todos os conteúdos inconscientes, quer os que afloram ao limiar da consciência vindos de regiões profundas, quer os que desceram apenas um pouco abaixo dele, todos costumam ter um efeito sobre o consciente. Esses efeitos são necessariamente indiretos, visto que o conteúdo não aparece na consciência como tal. Na maior parte os denominados *lapsos* da consciência são devidos a tais interferências, assim como os chamados *sintomas neuróticos,* todos eles de natureza psicogênica – para usar a expressão usada na medicina. (Excetuam-se os denominados efeitos de choque, como os causados por explosões de granadas etc.). As formas mais suaves de neurose são as falhas da consciência, como, por exemplo, os *lapsus linguae,* os súbitos esquecimentos de nomes e datas, movimentos desastrados imprevisíveis que causam ferimentos ou coisas assim, os mal-entendidos e as chamadas alucinações da memória – quando se acha que se fez ou disse isso ou aquilo – a interpretação errônea de coisas ouvidas e lidas etc.

127 A investigação profunda leva a comprovar em todos esses casos a existência de um conteúdo que, interferindo de maneira indireta e inconsciente, agiu perturbatoriamente sobre o desempenho consciente.

128 É por isso que, geralmente, um segredo inconsciente prejudica mais do que um segredo consciente. Já vi muitos pacientes que desenvolveram tendências suicidas em situações difíceis de vida – situações graves em que dificilmente pessoas mais fracas teriam resistido ao impulso suicida – tendências essas que o bom-senso, no entanto, impediu que se tornassem conscientes, dando assim origem a um complexo inconsciente de suicídio. O impulso inconsciente de suicídio provocava por sua vez uma série de situações imprevistas perigosas, como, por exemplo: uma súbita vertigem em lugar desprotegido, uma hesitação na frente de um automóvel, um engano ao apanhar um vidro de xarope, pegando o de um corrosivo sublimado em seu lugar, uma vontade repentina de fazer acrobacias arriscadas etc. Nestes casos, quando se tornava consciente o impulso suicida, o bom-senso consciente podia intervir, inibindo e, portanto, ajudando, fazendo com que a opção consciente identificasse e evitasse as ocasiões de suicídio.

Qualquer segredo pessoal atua como pecado ou culpa, independentemente de ser considerado assim ou não, do ponto de vista da moral convencional.

Outra forma de ocultar é conter. O que geralmente é contido é aquilo que afeta (os afetos). Antes de mais nada, é preciso reafirmar que a contenção é uma virtude útil e salutar: a autodisciplina consta como uma das mais antigas artes morais, já nos povos primitivos, onde são parte do ritual de iniciação, sobretudo na forma de suportar estoicamente a dor e o medo, e na abstenção ascética. Nestes casos, porém, a contenção é praticada no contexto de uma aliança secreta, de uma iniciativa partilhada com outros. No entanto, se a contenção for exclusivamente pessoal, e independente de uma convicção religiosa, ela pode tornar-se tão lesiva quanto um segredo pessoal. Esta é a razão do célebre mau humor e da irritabilidade dos virtuosos. O afeto contido também é algo que se oculta, que se pode esconder até de si mesmo. É uma arte em que primam, sobretudo os homens. Já as mulheres, salvo raras exceções, têm um receio natural de lesar um afeto, contendo-o. O afeto contido, do mesmo modo que o segredo inconsciente, atua como fator de isolamento e perturbação, e provoca sentimento de culpa. A natureza não nos perdoa, por assim dizer, quando, ao guardarmos um segredo, passamos a perna na humanidade. Do mesmo modo, ela nos leva a mal, quando ocultamos as nossas emoções aos nossos semelhantes. A natureza tem manifestamente um "horror vacui" neste sentido. Eis a razão por que nada é mais insuportável do que prolongar por muito tempo uma harmonia tépida, baseada em afetos contidos. Emoções reprimidas e segredos, não raro, são uma e a mesma coisa. Muitas vezes os segredos nem são de grande monta, mas são simplesmente afetos que se originaram numa situação perfeitamente consciente e que foram mantidos inconscientes.

O prevalecimento de um ou outro – do segredo ou do afeto – condiciona, provavelmente, formas diferentes de neuroses. Em todo caso, a histeria, muito pródiga em afetos, está baseada principalmente no segredo, ao passo que o psicastênico obstinado sofre de indigestão emocional.

Segredo e contenção são danos, aos quais a natureza reage, finalmente, por meio da doença. Entenda-se bem: são danosos somente quando o segredo e a contenção são de ordem exclusivamente pessoal.

Se praticados conjuntamente com outros, a natureza se dá por satisfeita, e podem até ser benéficas virtudes. Apenas a contenção pessoal é nociva. É como se a humanidade tivesse um direito inexpugnável sobre a parte obscura, imperfeita, boba e culposa da pessoa humana, coisas essas que costumam ser mantidas em segredo, por razões de autodefesa. Esconder sua qualidade inferior, bem como viver sua inferioridade, excluindo-se, parece que são pecados naturais. E parece que existe como que uma consciência da humanidade que pune sensivelmente todos os que, de algum modo ou alguma vez, não renunciaram à orgulhosa virtude da autoconservação e da autoafirmação e não confessaram sua falibilidade humana. Se não o fizerem, um muro intransponível segregá-los-á, impedindo-os de se sentirem vivos, de se sentirem homens no meio de outros homens.

133 Fica assim explicada a extraordinária importância da confissão sincera e verdadeira: não da confissão ritual e de preceito. Não resta a menor dúvida de que todas as iniciações e todos os cultos e mistérios da antiguidade conheciam esta verdade. Prova-o o adágio dos mistérios antigos: "Solta o que tens, e serás acolhido"...

134 Este provérbio bem pode ser apresentado como lema da primeira fase da problemática psicoterapêutica. Isso porque a etapa inicial da psicanálise, no fundo, não é mais do que a redescoberta científica de uma verdade antiga. O próprio nome escolhido para o primeiro método – *catarse* = purificação – é um conceito corrente nas iniciações da antiguidade. O método catártico original consiste essencialmente em transferir o doente – com e sem a parafernália hipnótica – ao fundo mais profundo de sua consciência, isto é, a um estado que nos sistemas de ioga orientais equivale aos estados de meditação ou contemplação. O objeto da contemplação, porém, diferencia-se do da ioga pelo emergir esporádico de vestígios de noções crepusculares – ou na forma de imagens ou de sentimentos – que num cenário escuro se destacam do fundo invisível do inconsciente, a fim de se apresentarem, ainda que imprecisos, ao olhar introspectivo. É uma maneira de fazer voltar o que foi recalcado ou esquecido. Isso, por si só, já é um benefício – ainda que eventualmente desagradável – pois as qualidades inferiores e até as condenáveis também me pertencem, e me conferem substancialidade e corpo: é minha *sombra*. Como posso ter substancialidade sem projetar sombra? O lado sombrio também per-

tence à minha totalidade, e ao tomar consciência da minha sombra, consigo lembrar-me de novo de que sou um ser humano como os demais. Em todo caso, com essa redescoberta da própria totalidade – que a princípio se faz em silêncio – fica restabelecido o estado anterior, o estado do qual derivou a neurose, isto é, o complexo isolado. O isolamento pode prolongar-se com o silêncio, e a reparação dos danos ser apenas parcial. Mas pela confissão lanço-me novamente nos braços da humanidade, livre do peso do exílio moral. O método catártico visa à *confissão completa*, isto é, não só à constatação intelectual dos fatos pela mente, mas também à liberação dos afetos contidos: à constatação dos fatos pelo coração.

O efeito de semelhante confissão sobre a índole (*Gemüt*) ingênua é enorme e, como se pode imaginar, as curas são surpreendentemente frequentes. Contudo, não vejo a principal função da nossa psicologia, nesta fase, apenas na cura de alguns doentes, mas muito mais na confirmação sistemática do valor da confissão. Pois isso diz respeito a todos nós. De uma maneira ou de outra, todos estamos separados de todos os demais pelos nossos segredos; os abismos entre os homens são transpostos por pontes fictícias feitas de opiniões, substitutos fáceis para a ponte consistente da confissão. 135

Por nada no mundo, quero fazer disso uma exigência. Nem posso imaginar a falta de gosto que seria uma mútua e geral confissão dos pecados. A psicologia apenas constata que aqui nos encontramos diante de um ponto vulnerável de primeira ordem. Este ponto não pode ser tratado sem mais preâmbulos, pois, por sua vez, também é de uma problematicidade toda especial, conforme demonstrará o estágio seguinte, isto é, o do *esclarecimento*. 136

É óbvio que a nova psicologia teria parado na fase da confissão, se a *catarse* tivesse dado provas de ser o remédio universal. Antes de mais nada, é preciso saber que nem sempre é possível aproximar os pacientes do inconsciente, a ponto de eles conseguirem perceber a sombra. É até muito frequente que as pessoas – sobretudo as de natureza complicada e altamente conscientes – estejam tão fortemente ancoradas no consciente, que nada consegue arredá-las daí. São pessoas capazes de se oporem energicamente a qualquer tentativa de fazer recuar o consciente; querem conversar com o médico conscientemente e apresentar e comentar racionalmente as suas dificuldades. Já 137 têm tanto a confessar, que não precisam recorrer ao inconsciente. Tais pacientes exigem uma técnica toda especial para a aproximação do inconsciente.

138   Esta é uma das realidades que de antemão restringem consideravelmente o método catártico em sua aplicação. A outra limitação vem depois, e conduz sem delonga à problemática da segunda etapa, isto é, do esclarecimento. Suponhamos que a confissão catártica se tenha realizado em determinado caso; a neurose desapareceu, isto é, os sintomas tornaram-se invisíveis. O paciente poderia obter alta. No entanto, ele – ou principalmente ela – não consegue desligar-se. Parece que o paciente ficou ligado ao médico pela confissão. Se essa ligação, aparentemente absurda, for cortada violentamente, dar-se-á uma recaída de graves consequências. É significativo, e ao mesmo tempo estranho, que em certos casos a dependência não se produz. O paciente afasta-se, aparentemente curado, e agora, fascinado com seu *background* psíquico, continua praticando a catarse consigo mesmo, em detrimento do seu ajustamento à vida. Fica ligado ao inconsciente, a si mesmo, e não ao médico. Pelo visto, o que acontece com estes últimos pacientes pode ser comparado ao que outrora sucedeu a Teseu e seu companheiro Peirithoos, que desceram ao Hades para de lá retirarem a deusa do reino dos mortos e que, ao se sentarem um momento para descansar da descida, não conseguiram mais levantar-se, pois se tinham enraizado na rocha.

139   Estes acasos estranhos e imprevistos necessitam de esclarecimentos, da mesma forma que os casos que mencionamos antes, dos que se mostram refratários aos benefícios oferecidos pela "catarse". Muito embora essas duas categorias de pacientes aparentem ser totalmente diferentes, o esclarecimento começa em ambos, exatamente no mesmo ponto, isto é, nas fixações, como Freud percebeu muito acertadamente. Isso se constata imediatamente e com clareza nos casos da última categoria, principalmente naqueles que, depois de realizada a catarse, continuam dependentes do médico. Consequências nefastas deste tipo já tinham sido observadas no tratamento por hipnose, porém, os mecanismos internos de uma tal dependência não eram conhecidos. Agora ficou provado que esse vínculo corresponde em sua natureza, digamos, à relação pai-filho. O paciente entra num tipo de dependência infantil e não consegue evitá-la, a despeito do seu co-

nhecimento racional. Às vezes, a fixação chega a ter uma força tão extraordinária e surpreendente, que por trás dela se poderiam suspeitar motivos inteiramente insólitos. Uma vez que a ligação se processa fora da consciência, o consciente do paciente nada tem a declarar a respeito. Por isso a pergunta: como superar essa nova dificuldade? Trata-se, sem dúvida, de uma formação neurótica, de um novo sintoma, desencadeado pelo próprio tratamento. O sinal exterior inconfundível da situação é que a imagem mnêmica ideoafetiva do pai foi transferida ao médico, razão pela qual este, independentemente de sua vontade, aparece como pai, e o paciente fica sendo, de certo modo, seu filho. Naturalmente não foi só agora que se formou a infantilidade do paciente. Ela já existia antes, porém, reprimida. Nesse momento, ela aflora. Quer restabelecer a situação familiar infantil, já que, depois de tanto tempo, o pai desaparecido foi finalmente encontrado. Freud acertou ao batizar esse sintoma de *transferência*. O estabelecimento de uma certa dependência do médico e de sua solicitude é um fenômeno, a princípio até bastante normal e humanamente compreensível. O que é anormal e inesperado é apenas a sua incrível tenacidade, que o torna inacessível à correção consciente.

Uma das principais realizações de Freud é ter esclarecido pelo menos a natureza dessa dependência em seus aspectos biológicos, e ter possibilitado um progresso importante no conhecimento da psicologia. Hoje temos provas incontestáveis de que a dependência é causada pela existência de fantasias inconscientes. Essas fantasias têm principalmente um caráter, por assim dizer, *incestuoso*. O fato de essas fantasias permanecerem no inconsciente parece que fica assim suficientemente explicado, pois nem na confissão mais escrupulosa se pode esperar que se confessem fantasias que tinham pouca probabilidade de serem conscientes. Apesar de Freud sempre falar das fantasias incestuosas como se fossem recalcadas, à medida que as experiências se multiplicavam, ficou provado que em muitíssimos casos elas nunca foram conteúdos conscientes, ou então, pelo menos, nunca foram mais do que vestígios imperceptíveis de consciência, razão por que também não podiam ser propositada e conscientemente reprimidas. De acordo com a posição da investigação mais recente, é mais provável que, no essencial, as fantasias incestuosas sempre foram inconscientes, até o momento em que elas foram praticamente arrastadas

140

para a luz do dia pelo método analítico. Isto não quer dizer, no entanto, que trazer à tona coisas do inconsciente seja uma intervenção condenável na natureza. Naturalmente, trata-se, aqui, como que de uma cirurgia psíquica, aliás, absolutamente indispensável, na medida em que são as fantasias incestuosas que produzem o complexo de sintomas da transferência. A transferência, ao que parece, é um produto artificial, mas nem por isso seu aspecto é anormal.

141 Enquanto o método catártico, em sua essência, devolve ao eu conteúdos que normalmente deveriam fazer parte do consciente, o esclarecimento da transferência faz com que venham à tona conteúdos que, naquela forma, jamais teriam tido condições de se tornarem conscientes. Em princípio, é esta a diferença entre as etapas da confissão e do esclarecimento.

142 Há pouco falávamos de casos de duas categorias diferentes: os que se mostram rebeldes à catarse e os que, depois de realizada a catarse, sucumbem à fixação. Os casos que evoluem para a fixação e, por conseguinte, para a transferência, já foram comentados. Mas, como já dissemos, existem além destes os casos em que não se realiza uma ligação com o médico, mas sim com o próprio inconsciente, e que nele se emaranham. Nestes casos, a imagem dos pais não é transferida a um objeto humano, mas permanece na forma de representações da fantasia, que, no entanto, exerce o mesmo poder de atração e produz a mesma dependência que a transferência. A primeira categoria – a dos que são incapazes de se entregarem incondicionalmente à catarse – explica-se à luz da pesquisa freudiana pelo fato de que os respectivos pacientes, antes de iniciarem o tratamento, ainda se encontram numa relação de identificação com os pais, que lhes confere autoridade, independência e espírito crítico, graças aos quais eles conseguem opor resistência à catarse. São principalmente personalidades cultas e diferenciadas que não foram, como os outros, vítimas indefesas da atuação inconsciente da "imago" dos pais, mas se apoderaram dessa atividade através de sua identificação inconsciente com os pais.

143 Diante do fenômeno da transferência, a simples confissão não tem efeito. Este fato motivou Freud a introduzir modificações essenciais no método catártico original de Breuer. Elaborou a partir daí o que passou a chamar de "método interpretativo".

Essa evolução é perfeitamente lógica, pois a relação da transferência, muito especialmente, exige esclarecimento. O leigo dificilmente se dará conta da importância que isso tem, mas o médico sim, porque, de repente, ele se vê envolvido numa teia de ideias incompreensíveis e fantásticas. Aquilo que o paciente transfere para o médico tem que ser interpretado, isto é, deve ser esclarecido. Uma vez que o próprio paciente nem sabe o que está transferindo, o médico é obrigado a submeter a uma análise interpretativa todos os fragmentos disponíveis da fantasia do paciente. As produções desse tipo mais importantes e mais fáceis de obter são os *sonhos*. Freud explorou a área dos sonhos primeiro exclusivamente quanto ao seu conteúdo de desejos que, por serem incompatíveis, eram recalcados. No decorrer desse trabalho é que descobriu os conteúdos incestuosos, de que há pouco falei. Naturalmente, essa pesquisa não levou apenas à descoberta do material incestuoso no sentido estrito da palavra, mas também de toda imundície imaginável possível de que a natureza humana é capaz. Como sabemos, essa lista é bem longa. Leva-se uma vida inteira para elaborá-la e mesmo assim, não se chega ao fim.

144

O resultado do método do esclarecimento de Freud é a elaboração mais minuciosa do lado sombrio do homem, como nunca fora feita antes do nosso tempo. É o antídoto mais eficaz de todas as ilusões idealísticas acerca da natureza humana. Não temos que nos surpreender, portanto, com a clamorosa oposição a Freud e sua escola, que se ergueu de todos os lados. Não quero referir-me àqueles que fazem da ilusão um princípio, mas gostaria de salientar que não são poucos os adversários do método do esclarecimento, que não têm a menor ilusão a respeito do homem e sua sombra, e que mesmo assim objetam que não se deve explicar o homem unilateralmente a partir de sua sombra. Afinal, a sombra não é o essencial, mas sim, o corpo que produz a sombra.

145

O método interpretativo de Freud é uma explicação retrospectiva, chamada *redutiva*. Ela é destrutiva, quando exagerada e unilateral. Mas o grande avanço que esse trabalho de interpretação freudiano representou para o conhecimento psicológico, é ter comprovado que a natureza humana também tem um lado escuro, e não só o homem, mas também todas as suas obras, suas instituições e suas convicções. Até as nossas ideias mais puras e santas repousam sobre bases

146

escuras e profundas; afinal de contas, não se pode explicar uma casa apenas de cima para baixo, a começar pela cumeeira, mas também de baixo para cima, a começar pelo porão. Esta última maneira ainda tem a vantagem de ser geneticamente mais correta, porque na construção das casas, não se começa pelo telhado, mas pelos alicerces, e além do mais, tudo o que evolui começa pelo simples, pelo rudimentar. Quem usa a cabeça não pode negar que a aplicação dos conceitos totêmicos primitivos à interpretação da Ultima Ceia feita por Salomon Reinach é cheia de sentido; nem se recusará a aplicar a hipótese do incesto aos mitos dos deuses gregos. Não resta a menor dúvida de que é doloroso o sentimento de interpretar as coisas luminosas pelo seu lado sombrio e rebaixá-las, de certa forma, a seu triste e sujo estado primitivo. Mas também considero que o fato de se deixar destruir por causa de uma interpretação da sombra é sinal da fragilidade das coisas belas e da fraqueza do homem. O horror das interpretações de Freud vem exclusivamente da nossa ingenuidade bárbara ou infantil, que ainda não sabe que o alto sempre se apoia no baixo e que *les extrêmes se touchent* – e que estas verdades realmente se incluem entre as verdades definitivas. A única coisa errada é pensar que o luminoso deixa de existir quando explicado pelo seu lado escuro. É um erro lamentável em que incorreu o próprio Freud. A sombra não existe sem a luz, o mal não existe sem o bem, e vice-versa. Por isso não só não lamento o abalo sofrido pelas nossas ilusões e limitações ocidentais devido ao esclarecimento, mas saúdo-o como uma retificação histórica indispensável e de alcance imprevisível, pois ele introduz um relativismo filosófico, que se encarnou contemporaneamente na matemática e na física de Einstein. No fundo, é uma longínqua verdade do Oriente, cujos efeitos futuros, por ora, não podemos prever.

147   Nada mais ineficaz do que ideias intelectuais. Mas quando uma ideia é uma *realidade psíquica,* ela vai penetrando furtivamente nas mais diversas áreas, aparentemente sem a menor relação causal histórica. Nessa hora, é bom prestar atenção. Porque as ideias que são realidades psíquicas representam forças irrefutáveis e inatacáveis, do ponto de vista da lógica e da moral. São mais poderosas do que o homem e sua cabeça. É verdade que ele acredita que é ele quem produz essas ideias; na realidade, porém, são elas que o produzem, de tal forma que, inconscientemente, ele se torna simplesmente seu porta-voz.

Voltando ao nosso problema da fixação, eu gostaria de tratar agora da questão dos efeitos do esclarecimento. A fixação, ao dar com sua origem esconsa, rebaixa a posição do paciente; ele não pode deixar de ver a infantilidade, a inutilidade de sua posição. Isso ou o fará descer do pedestal da autoridade e do arbítrio, a um nível mais modesto de relativa insegurança – o que até pode ser salutar – ou então, ele reconhecerá que a necessidade de fazer exigências aos outros é produto de um comodismo infantil e deve ser substituída por uma maior responsabilidade pessoal.

148

Quem souber dar valor ao *insight* vai tirar disso suas conclusões morais. Armado da convicção de sua própria insuficiência, lançar-se-á à luta pela existência, a fim de ir consumindo em trabalhos e experiências progressivas todas aquelas forças e aspirações que até agora o tinham levado a agarrar-se obstinadamente ao paraíso da infância ou, pelo menos, a recordá-lo com saudades. As ideias que o nortearão moralmente daqui para a frente serão: adaptar-se normalmente e ter paciência com a própria incapacidade, eliminando as emoções e as ilusões, na medida do possível. Dar as costas ao inconsciente, como sendo o antro do enfraquecimento e da sedução, ou o campo da derrota moral e social virá como necessária consequência.

149

O problema que agora se coloca ao paciente é a *educação para o ser social*. Chegamos assim à terceira fase. O mero *insight*, que em muitos temperamentos de forte sensibilidade moral possui uma força mobilizadora suficiente, falha em pessoas de parca fantasia moral. Se uma situação externa ameaçadora não pressionar estas pessoas, o *insight* em si de nada adianta, por mais profundamente convencidas que estejam de sua verdade, sem falar daquelas que entenderam a interpretação que lhes parece evidente, mas que no fundo continuam duvidando dela. Aqui se trata de novo de pessoas intelectualmente diferenciadas que, embora reconheçam a verdade de uma explicação redutiva, não podem conformar-se, e simplesmente desconsiderar as suas expectativas e seus ideais. Nestes casos também falha a força do *insight*. É que o método do esclarecimento ou elucidação sempre pressupõe índoles sensíveis, aptas a tirarem conclusões morais, independentes, de seus conhecimentos. A elucidação tem sem dúvida um alcance maior do que a simples confissão não interpretada, porque ao menos forma o espírito e talvez desperte forças adormecidas, que

150

poderão intervir favoravelmente em seu desenvolvimento. No entanto, fato é que em muitos casos o esclarecimento também deixa uma criança compreensiva, porém, incapaz. Além disso, o princípio do *prazer* e sua satisfação, essenciais na análise de Freud, é unilateral e, portanto, insuficiente, conforme mostrou a evolução ulterior. Nem todas as pessoas podem ser interpretadas por esse ângulo. Sem dúvida, todos têm esse aspecto, mas nem sempre é ele que predomina. Podemos dar uma belíssima obra de arte de presente a um faminto, mas ele vai preferir pão. Nomeie-se presidente dos Estados Unidos um indivíduo apaixonado, ele vai preferir de longe estar ao lado de sua amada e abraçá-la. Generalizando, as pessoas sem dificuldades na área do ajustamento social e da posição social podem ser analisadas pelo prisma do prazer com maior probabilidade de acerto, do que as que se encontram num estágio insuficiente de adaptação, isto é, as que, devido à sua inferioridade social, têm necessidade de prestígio e poder. O irmão mais velho que, seguindo as pegadas do pai, chega a ocupar uma posição de liderança social, será atormentado por seus impulsos libidinosos, ao contrário do filho mais novo, que se sente oprimido e prejudicado pelo pai e pelo irmão mais velho. Este será instigado pela ambição e pela vaidade. Tudo mais será subordinado a essa paixão, de tal modo que o primeiro problema não vai existir para ele, pelo menos, não como problema vital.

151   Neste ponto há uma lacuna sensível no sistema da elucidação. Adler, antigo discípulo de Freud, veio preenchê-la. Adler apresentou provas convincentes de que numerosos casos de neurose podem ser explicados pelo *instinto do poder* muito melhor e mais satisfatoriamente do que pelo princípio do prazer. Na sua interpretação, pretende mostrar ao paciente como é que ele "arranja" sintomas para conseguir prestígio fictício, e como ele explora sua neurose. E como até sua transferência e demais fixações estão a serviço da sua vontade de poder e, nesse sentido, representam um "másculo protesto" contra opressões imaginárias. Pelo visto, Adler visa a psicologia do oprimido ou do fracassado na sociedade, cuja única paixão é a necessidade de prestígio. Estes casos são neuróticos, porque continuam achando que estão sendo oprimidos, e combatem moinhos de vento com as suas fixações, impossibilitando sistematicamente a consecução dos objetivos que mais almejam.

Adler começa o essencial do seu trabalho na fase do esclareci- 152
mento: do esclarecimento precisamente no sentido há pouco mencionado, e nesse sentido, apela novamente para o *insight*. Aliás, o que caracteriza Adler é que ele não espera demais do simples *insight*, mas reconheceu que, além dele, se faz necessária a educação social. Freud é pesquisador e intérprete, ao passo que Adler é sobretudo educador. Assim sendo, entra na posse da herança negativa de Freud. Não deixa o doente permanecer uma criança só e abandonada, mesmo depois de ter adquirido o valioso entendimento de si, mas tenta torná-lo uma pessoa normalmente ajustada, mediante todos os recursos da educação. Pelo visto, aí se parte do princípio de que a normalização e o ajustamento social são metas desejáveis, absolutamente indispensáveis à almejada realização da pessoa humana. Desta atitude fundamental da escola de Adler resulta sua vasta influência social, bem como o seu distanciamento do inconsciente, que por vezes até parece chegar ao extremo de negá-lo. O desviar da posição de Freud que põe a tônica no inconsciente é, talvez, uma reação inevitável que deve corresponder – como disse há pouco – ao desejo de fugir dele, natural no doente em vias de adaptação e de cura. Porque, se de fato o inconsciente não passa de um mero receptáculo de todos os lados sombrios e maus da natureza humana, inclusive dos sedimentos lamacentos da pré-história, então realmente não há como entender por que se deveria permanecer mais tempo do que o necessário nesse pantanal, em que outrora caímos. Para um estudioso, uma poça d'água pode significar um mundo repleto de maravilhas, mas para o homem comum é algo que seria preferível evitar. Da mesma forma que o budismo primitivo não tem deuses porque teve que desapegar-se do fundo de um panteão de aproximadamente dois milhões de deuses, assim também a psicologia, em sua evolução, é obrigada a distanciar-se de uma coisa, em essência, tão negativa como o inconsciente freudiano. Os propósitos educativos da orientação adleriana começam precisamente no ponto em que Freud nos deixou. Correspondem à necessidade, compreensível no doente, de encaminhar-se, agora que adquiriu o discernimento, para uma vida normal. Pouco lhe adianta saber, naturalmente, como e onde se originaram os seus males, pois raríssimas vezes o conhecimento das causas levou à sua cura imediata. É que não se pode deixar de levar em conta que os fal-

sos caminhos da neurose se transformaram em outros tantos hábitos tenazes, que, a despeito de todo discernimento, só vão desaparecer quando substituídos por outros, e estes só podem ser adquiridos quando exercitados. Este trabalho não pode ser realizado, a não ser com uma educação apropriada. O paciente tem que ser literalmente "puxado" para outros caminhos, e isso se consegue apenas através da vontade de se educar. É compreensível, portanto, que a linha adleriana tenha mais receptividade justamente no professorado e nos meios religiosos, ao passo que a freudiana agrada, sobretudo, nos meios médicos e intelectuais, pois estes são, sem exceção, maus enfermeiros e péssimos educadores.

153   Por estranho que pareça, a cada fase da evolução da nossa psicologia pertence algo de definitivo. Na *catarse,* que faz despejar tudo até o fundo, somos levados a crer: pronto, agora tudo veio à tona, tudo saiu, tudo ficou conhecido, todo medo foi vivido, toda lágrima derramada, daqui para a frente tudo vai correr às mil maravilhas. Na fase do *esclarecimento,* diz-se com a mesma convicção: agora sabemos o que provocou a neurose, as reminiscências mais remotas foram desenterradas, as últimas raízes extirpadas, e a transferência nada mais era do que uma fantasia para satisfazer um desejo paradisíaco infantil, ou uma retomada do romance familiar; o caminho para uma vida sem ilusões está desimpedido, aberta a via da normalidade. A *educação* vem por fim, e mostra que uma árvore que cresceu torta não endireita com uma confissão, nem com o esclarecimento, mas que ela só pode ser aprumada pela arte e técnica de um jardineiro. Só agora é que se consegue a adaptação normal.

154   Curiosamente, esse caráter definitivo, emocionalmente inerente a cada uma das etapas, fez com que hoje existam adeptos da catarse, que aparentemente nunca ouviram falar da interpretação de sonhos, seguidores de Freud que nada entendem de Adler, e adlerianos que nada querem saber do inconsciente. Cada qual está preso ao valor definitivo do seu enfoque particular. Daí a confusão de opiniões e concepções que dificultam extraordinariamente a nossa orientação nessa área.

155   Mas de onde vem essa sensação do definitivo, causa de tanta autoritária obstinação de todos os lados?

156   Não tenho outra explicação a não ser esta: na base de cada uma dessas posições há realmente uma verdade definitiva, portanto, sem-

pre há casos para comprovar, da forma mais contundente, cada uma das verdades particulares. Qualquer verdade é algo tão precioso no mundo de hoje, repleto de enganos, que ninguém quer largar mão dela, por umas poucas exceções que não há meio de se coadunarem. E quem ousar duvidar da verdade é inevitavelmente tratado como um sujeito desleal. É por isso que a discussão sempre vem mesclada de um tom de fanatismo e intolerância.

Ora, cada qual carrega a tocha do conhecimento por um certo trecho do percurso, só até entregá-la a outro. Se pudéssemos encarar esse processo por outro prisma que não o pessoal, se pudéssemos, por exemplo, supor que não somos nós os criadores pessoais da nossa verdade, mas os seus representantes, simples porta-vozes das necessidades psíquicas contemporâneas, muito veneno, muita amargura poderia ser evitada, e nosso olhar estaria desimpedido para enxergar as relações profundas e impessoais da alma da humanidade. 157

Geralmente não nos damos conta de que o médico que pratica o método catártico não é apenas uma ideia abstrata, automaticamente incapaz de produzir o que quer que seja além da catarse. Ele também é uma pessoa humana, que, embora pense limitadamente dentro de sua esfera, na ação se expressa como homem total. Sem chamá-lo pelo nome e sem ter consciência clara a respeito, ele também faz, sem querer, todo um trabalho de elucidação e educação, da mesma forma que os outros também contribuem para a catarse, sem por isso elevá-lo a um princípio. 158

Toda vida é história viva. Até o animal de sangue frio continua vivendo como *sous-entendu* dentro de nós. Da mesma maneira, as três etapas que acabamos de estudar em psicologia analítica não são de modo algum verdades constituídas de tal forma que a última tenha engolido e substituído as duas anteriores. Muito pelo contrário, trata-se muito mais de aspectos dos princípios de um mesmo problema, sem íntimas contradições entre si, assim como não há contradição entre a confissão e a absolvição. 159

O mesmo pode-se dizer da quarta fase, a *transformação*. Nem ela deve ter a pretensão de ser a verdade, por fim alcançada, a única que tem validade. Não. Não há a menor dúvida de que ela também vem apenas preencher uma lacuna deixada pelas etapas anteriores. Vem 160 apenas para satisfazer uma necessidade a mais, transcendendo tudo o que foi feito até então.

161 Para tornar claro qual a finalidade dessa fase de transformação, e qual o significado desse termo "transformação" – que talvez possa soar um tanto estranho – é preciso levar em consideração, antes de mais nada, qual a necessidade da alma que passou despercebida nas fases anteriores. Em outras palavras, é preciso perceber o que mais ela poderia exigir, além e acima de tornar-se um ser social normalmente ajustado. Ser normal é a coisa mais útil e conveniente que se possa conceber. Mas a simples noção de "normal" ou "ajustado" já implica limitar-se à média, que só pode ser sentido como progresso por aquele que, por si, já tem dificuldade em dar conta da sua vida dentro do mundo que o cerca, como, por exemplo, aquele que, devido à sua neurose, é incapaz de levar uma existência normal. Ser "normal" é a meta ideal para os fracassados e todos os que ainda se encontram abaixo do nível geral de ajustamento. Mas para as pessoas cuja capacidade é bem superior à do homem médio, pessoas que nunca tiveram dificuldade em alcançar sucessos e cujas realizações sempre foram mais do que satisfatórias, para estas, a ideia ou a obrigação moral de não ser mais do que normal, significa o próprio leito de Procusto, isto é, o tédio mortal, insuportável, um inferno estéril, sem esperança. Consequentemente, existem dois tipos de neuróticos: uns que adoecem porque são apenas normais e outros, que estão doentes porque não conseguem tornar-se normais. A simples ideia de que alguém poderia querer educar os primeiros para a normalidade representa para eles o maior pesadelo, pois a necessidade mais profunda dessas pessoas é, na verdade, poder levar uma vida extranormal.

162 É que o homem só se satisfaz e se realiza com aquilo que ainda não tem, da mesma forma que não é possível saciar-nos com aquilo de que já estamos fartos. Ser um ser social e ajustado não tem a menor graça para quem considera isso uma brincadeira. Andar na linha acaba se tornando monótono para quem sempre foi correto, ao passo que levar uma vida digna é o anseio inconfesso de quem nunca andou direito.

163 As exigências e necessidades do homem não são iguais para todo mundo. O que para uns é salvação, para outros é prisão. O mesmo acontece com a normalidade e o ajustamento. Há um preceito biológico que diz que o homem é um ser gregário e, portanto, só atinge a

saúde plena enquanto ser social. No entanto, é possível que o primeiro caso que encontramos pela frente desminta frontalmente essa assertiva, provando-nos que ele só gozará de saúde plenamente, se levar uma vida anormal e antissocial. É de desesperar que na psicologia verdadeira não existam normas ou preceitos universais. O que existe são apenas casos individuais e suas necessidades e exigências são as mais variadas possíveis – tão divergentes, que no fundo nunca se pode saber de antemão o rumo que vai tomar este ou aquele caso. O melhor que o médico pode fazer é renunciar a qualquer opinião preconcebida. Isso não quer dizer que tenhamos que desprezá-las, mas sim, usá-las como hipóteses para um possível esclarecimento do caso. Não se trata de ensinar ou convencer; apenas de mostrar ao doente como é que o médico reage ao seu caso particular. É que, queiramos ou não, a relação médico-paciente é uma relação pessoal, dentro do quadro impessoal de um tratamento médico. Nenhum artifício evitará que o tratamento seja o produto de uma interação entre o paciente e o médico, como seres inteiros. O tratamento propicia o encontro de duas realidades irracionais, isto é, de duas pessoas que não são grandezas limitadas e definíveis, mas que trazem consigo não só uma consciência, que talvez possa ser definida, mas, além dela, uma extensa e imprecisa esfera de inconsciência. Esta é a razão por que muitas vezes a personalidade do médico (como também a do paciente) é infinitamente mais importante para um tratamento psíquico do que aquilo que o médico diz ou pensa, ainda que isso não possa ser menosprezado como fator de perturbação ou de cura. O encontro de duas personalidades é como a mistura de duas substâncias químicas diferentes: no caso de se dar uma reação, ambas se transformam. Como se espera de todo tratamento psíquico efetivo, o médico exerce uma influência sobre o paciente. Influir é sinônimo de ser afetado. De nada adianta ao médico esquivar-se à influência do paciente e envolver-se num halo de profissionalismo e autoridade paternais. Assim ele apenas se priva de usar um dos órgãos cognitivos mais essenciais de que dispõe. De todo jeito, o paciente vai exercer sua influência, inconscientemente, sobre o médico, e provocar mudanças em seu inconsciente. As perturbações, ou até os danos psíquicos típicos da profissão, que muitos psicoterapeutas conhecem, são provas inegáveis da influência, por assim dizer química, do paciente. Um dos fenômenos mais conhecidos desse tipo é a *contratransferência* provocada pela transferência. Mas frequentemente os efeitos são de caráter bem mais sutil, e a única maneira que encontro para formulá-los é através da antiga ideia da transmissão de uma enfermidade a uma pessoa sadia, para que esta, então, subjugue o demônio da doença com a sua saúde; e isso, não sem efeitos negativos sobre o seu próprio bem-estar.

164 Na relação médico-paciente existem fatores irracionais que produzem *transformações* mútuas. Ao final, será decisiva a personalidade mais estável e mais forte. Já vi muitos casos, em que o médico foi assimilado pelo paciente, contrariando toda teoria e qualquer proposta profissional e, na maioria dos casos, mas nem sempre, em detrimento do médico.

165 A etapa da transformação baseia-se nestes fatos que, para serem reconhecidos sem equívoco, tiveram que ser objeto de abrangentes experiências práticas que se estenderam pelo quarto de século que precedeu esse reconhecimento. O próprio Freud, aderindo a ele, aceitou minha exigência de que todo terapeuta fosse obrigatoriamente analisado.

166 Mas qual o significado dessa exigência? Ela significa simplesmente que o médico também "está em análise", tanto quanto o paciente. Ele é parte integrante do processo psíquico do tratamento, tanto quanto este último, razão por que também está exposto às influências transformadoras. Na medida em que o médico se fecha a essa influência, ele também perde sua influência sobre o paciente. E, na medida em que essa influência é apenas inconsciente, abre-se uma lacuna em seu campo de consciência, que o impedirá de ver o paciente corretamente. Em ambos os casos, o resultado do tratamento está comprometido.

167 O médico fica, portanto, com uma tarefa semelhante à que ele gostaria de dar como encargo ao paciente, isto é, ser uma pessoa ajustada à sociedade, por exemplo, ou então, no caso inverso, ser adequadamente desajustado. A exigência terapêutica pode revestir-se, evidentemente, de mil fórmulas diferentes, dependendo da vivência de cada um. Um primeiro pode achar que é possível superar o infantilismo; é que ele deve ter superado o próprio infantilismo. Um segundo acredita na *ab-reação* de todos os afetos; logo, ele deve ter conseguido fazê-lo com seus próprios afetos. Um terceiro crê na consciência perfeita; portanto, deve ter alcançado a consciência de si mesmo, ou, pelo menos, deve estar constantemente buscando satisfazer essa

sua exigência terapêutica, se quiser ter certeza de estar exercendo a influência justa sobre seus pacientes. Todas essas linhas terapêuticas representam um compromisso ético considerável. E todas elas podem ser englobadas numa única verdade: *Você tem que ser a pessoa com a qual você quer influir sobre o seu paciente*. A palavra, a mera palavra, sempre foi considerada vã. Simplesmente não existe estratagema, por mais engenhoso que seja, capaz de burlar sistematicamente esta verdade. Não é o *objeto* da convicção que importa; o que sempre foi eficaz é o *fato de se ter* uma convicção.

A quarta etapa da psicologia analítica exige, portanto, que *se reaplique no próprio médico o sistema em que se acredita*, seja ele qual for. 168

Quando se pensa na atenção, no espírito crítico com que o psicoterapeuta tem que acompanhar seu paciente, para descobrir os seus caminhos inadequados, as falsas conclusões e as coisas infantis que não mostra, realmente não fica fácil fazer isso também consigo mesmo. Em geral não nos achamos suficientemente interessantes, e ninguém nos paga pelo esforço da introspecção. Além disso, o desprezo pela verdadeira alma humana ainda é tão grande, tão generalizado, que a introspecção e o fato de preocupar-se com ela são atitudes quase consideradas doentias. Pelo visto, não há vislumbres de saúde na própria alma; é esta a razão por que o preocupar-se com ela já cheira a sanatório. Estas resistências, o médico tem que superá-las dentro de si mesmo, porque, como pode alguém educar, se ele mesmo não foi educado, como pode esclarecer, quando está no escuro no que diz respeito a si mesmo, e como purificará, se ainda é impuro? 169

O passo da educação para a *autoeducação* é um passo à frente lógico. Complementa todas as fases anteriores. A exigência da fase da transformação, isto é, que o médico também se transforme para ser capaz de transformar o doente, é uma exigência bastante impopular, como é fácil entender. Primeiro, porque parece pouco prática; segundo, porque há um desagradável preconceito pesando sobre o fato de ocupar-se consigo mesmo; e terceiro, porque muitas vezes custa satisfazer em si mesmo todas as expectativas que eventualmente se têm em relação ao paciente. Este último ponto contribui especialmente para a impopularidade da exigência, pois quem quer educar-se e tratar-se a si próprio, logo descobrirá que em seu ser existem coisas que se opõem definitivamente à sua normalização, ou que, apesar dos constantes esclarecimentos e *ab-reações* profundas, conti- 170 nuam aí como espíritos mal-assombrados. Como enfrentar essas coisas? Ele, como profissional, sabe perfeitamente o que o paciente deveria fazer, pois tem a obrigação de sabê-lo. Mas que fazer consigo mesmo? Que profunda convicção o moverá, quando chegar a sua vez, ou a vez dos seus parentes mais próximos? Nessas suas investigações vai fazer em si a descoberta inquietadora de uma inferioridade que o nivelará perigosamente com os seus pacientes, e, talvez, até venha melindrá-lo em sua autoridade. Como vai lidar com essa dolorosa descoberta? Essa interrogação, um tanto "neurótica", o atingirá profundamente, não importando o grau de normalidade que pretende ter. Além disso, descobrirá que não existe tratamento que possa dar solução a estas últimas indagações – que o deprimem tanto quanto os seus pacientes; que a solução encaminhada por outrem não deixa de ser infantil e o manterá em estado de infantilidade; e que, se a solução não for encontrada, só lhe restará reprimir de novo o problema.

171 Interrompo aqui a enumeração dos problemas suscitados pela autoanálise, porque o seu prosseguimento despertaria hoje bem pouco interesse, devido ao enorme desconhecimento que ainda se tem da alma.

172 Em vez disso, prefiro destacar que a evolução mais recente da psicologia analítica está se orientando para a questão dos fatores irracionais da personalidade humana, colocando a do médico no primeiro plano, como fator ou inibidor da cura, e exigindo a sua transformação, ou seja, a autoeducação do educador. Assim, tudo quanto sucede objetivamente na história da nossa psicologia, a confissão, o esclarecimento, a educação, é elevado ao nível subjetivo. Em outras palavras, o que acontecia com o paciente tem que acontecer com o médico, para que a sua personalidade não retroaja desfavoravelmente sobre o paciente. O terapeuta não deve tentar esquivar-se das próprias dificuldades, como se ele mesmo não as tivesse, apenas porque está tratando das dificuldades de outrem.

173 Assim como, há tempos, a escola freudiana, graças à grande repercussão que teve a descoberta do lado sombrio do inconsciente, se viu, subitamente, às voltas com problemas de caráter psicorreligioso, da mesma forma, os rumos mais recentes dão a entender que o problema da atitude ética do médico é um problema que já não pode ser contornado. A autocrítica e a autoinvestigação que estão indissoluvelmente ligadas a esse problema vão exigir uma mudança na manei-

ra de conceber a alma, que até agora era considerada unicamente em seu aspecto biológico; e isso porque a alma humana não é apenas um objeto da medicina, orientada para as ciências naturais. Não é só o doente, mas também o médico. Não é só o objeto, mas também o sujeito. Não é só uma função do cérebro, mas também a condição absoluta da nossa consciência.

O que no passado era método de terapia converte-se aqui em método de autoeducação, e com isso o horizonte da nossa psicologia abre-se, repentinamente, para o imprevisível. O que é decisivo agora não é o diploma médico, mas a qualidade humana. Essa mudança é significativa, porque coloca todo o equipamento da arte psicoterapêutica – que se desenvolveu, aperfeiçoou e sistematizou no contato permanente com o doente – a serviço da autoeducação e do autoaperfeiçoamento. Assim, a psicologia analítica rompe os grilhões que a prendiam ao consultório médico. Ultrapassando-se a si mesma, ela vai preencher a grande lacuna que, até agora, deixou a cultura ocidental espiritualmente em posição de inferioridade em relação às culturas orientais. Nós conhecíamos apenas como domar e subjugar a psique; nada sabíamos a respeito do desenvolvimento metódico da alma ou das suas funções. É que a nossa cultura ainda é nova e, como toda cultura nova, precisa da arte do domador, para começar a dar forma ao rebelde, ao bárbaro e selvagem. No entanto, em nível cultural mais adiantado, o desenvolvimento deve substituir e vai substituir a dominação. Para chegar lá, precisamos de um caminho, de um método que, como já dissemos, até hoje nos fizeram falta. Para tanto, os conhecimentos e experiências da psicologia – segundo me parece – poderiam fornecer-nos pelo menos as bases, pois, no momento em que uma psicologia, que nasceu da medicina, toma o próprio médico como objeto, ela deixa de ser um simples método de tratar doentes. Ela passa a tratar de homens sãos, ou, pelo menos, de pessoas que se dão o direito moral de reivindicar a saúde psíquica, e cuja doença pode ser, no máximo, o sofrimento que a todos atormenta. Eis por que a psicologia, nesta fase, quer ter o direito de tornar-se um bem acessível a todos, e isso, em grau maior do que nas etapas anteriores, que, cada uma por si, já é portadora de uma verdade universal. Mas entre a reivindicação desse direito e a realidade do mundo atual há um abismo. Um abismo sem ponte para atravessá-lo. Esta ponte ainda tem que ser construída, pedra sobre pedra.

VI
Psicoterapia e visão de mundo[1]

175   A psicoterapia surgiu de métodos nascidos da prática e da improvisação. Tanto é que por muito tempo teve dificuldade em refletir sobre os seus próprios fundamentos conceptuais. Como a psicologia empírica se apoiou inicialmente em conceitos físicos e, depois, nos fisiológicos, e hesitou muito, antes de acercar-se dos fenômenos complexos – isto é, do seu campo específico de trabalho – a psicoterapia começou como método auxiliar. Só pouco a pouco é que se foi libertando do universo ideológico da medicina terapêutica, e compreendeu que devia partir não só dos pressupostos fisiológicos, mas sim, e antes de mais nada, dos psíquicos. Em outras palavras, ela se viu obrigada a fazer questionamentos de ordem psicológica, que não tardaram em romper os limites existentes da psicologia experimental e suas constatações elementares. Através das instâncias da terapia, fatos extremamente complexos entraram na mira da ciência ainda incipiente, e seus representantes, frequentemente, não estavam equipados para dar solução aos problemas que iam aparecendo. Não surpreende, portanto, que as discussões travadas no seio dessa psicologia – que, por assim dizer, nasceu coagida pela experiência terapêutica – trouxessem à luz uma variedade de ideias, teorias e pontos de vista, que era de endoidecer. Compreende-se perfeitamente que quem estava de fora tenha tido a impressão de uma babilônica confusão de linguagens. Mas essa confusão era inevitável. Mais cedo ou mais tarde, era preciso constatar, forçosamente, que não se pode tra-

---

1. Parecer introdutório à discussão no Congresso de Psicologia, setembro de 1942. Publicado pela primeira vez na *Schweizerische Zeitschrift für Psychologie*, 1943, vol. I, cad. 3; mais tarde em *Aufsätze zur Zeitgeschichte*, 1946, p. 57-72.

tar da psique, sem mexer no todo, isto é, no último e no mais profundo, da mesma forma que não se pode tratar de um corpo enfermo, sem considerar a totalidade de suas funções, ou mesmo sem levar em conta a pessoa do doente, conforme se tem ouvido ultimamente aqui e ali da boca de alguns representantes isolados da medicina moderna.

Quanto mais "psíquico" um estado, mais complexo é ele e mais relacionado está ele com o todo. É certo que as formas psíquicas elementares estão intimamente ligadas aos processos fisiológicos do corpo, como também não resta a menor dúvida de que o *fator fisiológico* representa pelo menos *um* dos polos do cosmo psíquico. Muito embora os processos instintivos e afetivos, bem como toda a sintomatologia neurótica produzida pelos distúrbios dos mesmos tenham inequivocamente uma base fisiológica, o fator perturbador prova, por outro lado, que ele tem o poder de converter a harmonia fisiológica, em desordem. Se o distúrbio consistir num recalque, o fator perturbador, isto é, o fator repressor pertence a uma ordem psíquica "superior". Não é algo de elementar e fisiologicamente condicionado, mas, conforme mostra a experiência, é, em geral, uma condição altamente complexa, como, por exemplo, representações racionais, ou éticas, estéticas, religiosas ou, de alguma forma, ligadas à tradição, sem bases fisiológicas comprováveis pela ciência. Esta esfera de dominantes altamente complexas forma o outro polo da psique. Segundo nos mostra a experiência, este polo possui uma energia que em certos casos ultrapassa muitas vezes a da psique ligada à fisiologia.

176

As primeiras incursões da psicoterapia em formação, no terreno da psicologia propriamente dita, já a levaram a se confrontar com a *problemática dos opostos*, que é o mais profundamente próprio da psique. A estrutura da psique é, de fato, tão contraditória ou contrapontística, que não deve existir constatação psicológica ou proposição genérica alguma, que não nos obrigue imediatamente a fazer também a afirmação do seu oposto.

177

A problemática dos opostos se revela como sendo o lugar ideal e mais apropriado para se digladiarem as teorias mais contraditórias e, principalmente, os preconceitos baseados na visão de mundo parcial ou totalmente irrealizados. A psicoterapia, desenvolvendo-se neste sentido, foi mexer num vespeiro dos grandes. Tomemos como exemplo o caso, por assim dizer, simples, de uma repressão de instinto. A

178

repressão, ao ser suprimida, liberará o instinto. Uma vez liberto, ele também quer viver e se manifestar à sua maneira. Mas isso acarreta uma situação penosa e, por vezes, demasiado dolorosa. Por conseguinte, o instinto deveria ser modificado, isto é, "sublimado", como se costuma dizer. De que modo isso será possível sem uma nova repressão, ninguém pode dizer ao certo. A simples expressão "deveria" sempre é prova da impotência do terapeuta, e também, um reconhecimento de que a sua sabedoria chegou ao fim. Apelar, finalmente, para a razão seria muito bom, se, por sua natureza, o homem fosse um animal racional. Mas acontece que ele não é. Muito pelo contrário: ele é, no mínimo, tão irracional quanto racional. Por isso, muitas vezes, a razão não basta para modificar o instinto, de forma a ajustá-lo à ordem racional. Os conflitos de ordem moral, ética, filosófica e religiosa, que aparecem nesse momento do problema, são inimagináveis. A experiência prática ultrapassa toda imaginação. Todo psicoterapeuta, conscienscioso e amante da verdade, poderia contar – se pudesse romper o sigilo evidentemente – histórias incríveis a respeito. Nesses casos, toda a problemática contemporânea, os questionamentos filosóficos e religiosos da atualidade são revolvidos. Se o psicoterapeuta ou o paciente não baterem em retirada, ambos se envolverão no problema. Tanto um como o outro se verá forçado a uma discussão profunda consigo mesmo, e com o parceiro. Existem respostas e soluções violentas, mas estas, em princípio, não são recomendáveis, nem satisfatórias a longo prazo. Nunca existiu um nó górdio que se partisse definitivamente; pois ele tem a ingrata propriedade de sempre se reatar de novo.

179   A discussão das ideias que embasam a visão de mundo é uma tarefa a que se propõe a psicoterapia inevitavelmente, ainda que nem todo paciente avance até o fundo. A questão dos padrões com que medir, e a dos critérios éticos com que determinar a nossa ação, tem que ser respondida de uma forma ou de outra, pois em certos casos o paciente espera que prestemos contas dos nossos juízos e decisões. Nem todos os pacientes aceitam ser condenados à condição infantil de inferioridade, pelo fato de não lhes darmos satisfações, sem contar que numa falha terapêutica dessas cortaríamos o galho em que não sentamos. Em outras palavras, a arte da psicoterapia exige, portanto, que o terapeuta possua uma convicção recomendável, defensável e

de grande credibilidade, com provas de eficácia, inclusive pelo fato de ter resolvido ou evitado dissociações neuróticas em si mesmo. O terapeuta que tem uma neurose é desacreditado. É que não é possível levar um paciente além do ponto em que estamos. O fato de ter complexos, ao invés, não implica uma neurose, pois normalmente são os complexos que deflagram o acontecimento psíquico, e seu estado dolorido não é sinal de distúrbio patológico. Sofrer não é doença, mas o polo oposto, normal da felicidade. Um complexo só se torna patológico, quando achamos que não o temos.

A filosofia de vida do homem (*Weltanschauung*), como a mais complexa das estruturas psíquicas, forma o polo oposto da psique fisiologicamente condicionada e, enquanto suprema dominante psíquica, é ela que decide do destino da psique. É a sua visão do mundo que orienta a vida do terapeuta e anima o espírito de sua terapia. Como ela é precipuamente uma estrutura subjetiva, por mais rigorosa que seja sua objetividade, é possível que desmorone muitas vezes ao contato com a verdade do paciente, para depois levantar-se de novo, rejuvenescida por este contato. Uma convicção pode converter-se facilmente em autoafirmação e assim ser desviada para a rigidez, que por sua vez é contrária ao sentido da vida. Uma convicção sólida se confirma por sua suavidade e flexibilidade, e, como toda verdade superior, ela progride melhor quando leva em conta os erros e os reconhece como tais.

Nós, os psicoterapeutas, deveríamos ser filósofos, ou médicos-filósofos – não consigo deixar de pensar assim. Aliás, já o somos, em que pese admiti-lo, porque é grande demais a diferença entre o que nós exercemos e aquilo que é ensinado como filosofia nas faculdades. Também poderíamos chamá-lo de *religio in statu nascendi*, já que, na grande confusão que envolve tudo o que está nos primordios da vida, não existe uma separação que evidencie uma diferença entre filosofia e religião. E a dificuldade constante da situação psicoterapêutica, com o mundo de impressões e perturbações emocionais, não nos dá condições de fazer uma seleção sistemática e uma abstração. Por isso, não dispomos de uma exposição precisa dos princípios básicos, extraídos da vida, que possa ser apresentada às faculdades de filosofia ou de teologia.

182   Os nossos pacientes sofrem da falta de liberdade característica da neurose. São prisioneiros do inconsciente, e quando nos esforçamos por penetrar, com muita compreensão, naquela esfera das forças inconscientes, temos que defender-nos das mesmas influências que fizeram sucumbir os nossos pacientes. Como os médicos que tratam de doenças epidêmicas, nós nos expomos aos poderes que ameaçam a consciência, e temos que pensar em empregar toda a nossa força para salvar não só a nós mesmos, mas também ao doente, das garras do inconsciente. Um sábio respeitar dos seus limites ainda não representa um manual de filosofia, e uma jaculatória em hora de perigo de vida ainda não é um tratado de teologia. No entanto, ambos jorram de uma atitude filosófico-religiosa, própria do dinamismo mais espontâneo da vida.

183   A suprema dominante é sempre de natureza filosófico-religiosa. Uma realidade totalmente primitiva em si, razão por que é no primitivo que pode ser observada em sua maior florescência. É fácil verificar que a cada dificuldade, a cada perigo ou em cada período crítico da vida, ela aparece. É a reação mais natural diante de todas as situações carregadas de emoção. Mas muitas vezes fica tão obscura, quanto a semiconsciência do estado emocional que a provocou. Assim sendo, é muito natural que os distúrbios dos processos afetivos dos pacientes despertem no terapeuta os fatores filosófico-religiosos correspondentes. A tomada de consciência de tais conteúdos primitivos, não raro, é dolorosa e repugna ao médico, por isso é compreensível que prefira apoiar-se nos subsídios que a filosofia e a religião, de fora, lhe fornecem à consciência. Esta saída não me parece ilegítima, na medida em que oferece uma oportunidade para que o paciente se incorpore numa estrutura protetora, existente na organização do mundo exterior. É uma solução perfeitamente natural, posto que, desde os tempos mais remotos, e no mundo inteiro, sempre existiram clãs totêmicos, comunidades de culto e confissões religiosas, sempre ligadas à finalidade de ordenar o mundo caótico dos instintos.

184   Mas a situação fica difícil, quando a natureza do paciente se rebela contra uma solução coletiva. Neste caso, coloca-se para o terapeuta a questão de saber se ele está disposto a quebrar suas convicções ao confrontar-se com a verdade do paciente. Se quiser prosseguir com o tratamento, deverá impreterivelmente, e sem nenhum

preconceito, sair com o paciente à procura das ideias filosófico-religiosas correspondentes aos seus estados emocionais. Estes apresentam-se em forma de arquétipos, recém-brotados do mesmo solo materno em que, outrora, se formaram, sem exceção, todos os sistemas filosófico-religiosos. Mas se o terapeuta não estiver disposto a questionar suas próprias convicções, no interesse do paciente, é lícito pôr em dúvida a firmeza de sua atitude básica. É possível que não possa ceder por razões de segurança própria que, quando ameaçada, o faz enrijecer. Aliás, a capacidade de elasticidade psíquica tem limites que divergem de indivíduo para indivíduo e de coletividade para coletividade, e às vezes são tão estreitos, que uma certa rigidez significa o real limite dessa capacidade. *Ultra posse nemo obligatur**.

O instinto não é coisa isolada, nem pode ser isolado na prática. Ele sempre traz consigo conteúdos arquetípicos de caráter espiritual que, por um lado, o fundamentam e, por outro, o limitam. Em outras palavras, o instinto se apresenta sempre e inevitavelmente junto com uma espécie de visão de mundo, por mais arcaica, imprecisa e crepuscular que ela seja. O instinto nos dá o que pensar, e se não pensarmos nele livremente, então surgirá um pensamento compulsório, pois os dois polos da alma, o fisiológico e o espiritual, estão ligados um ao outro, indissoluvelmente. Por isso, não existe uma liberação unilateral do instinto, da mesma forma que o espírito, desligado da esfera instintual, está condenado ao ponto morto. Não se deve imaginar, contudo, que a sua ligação com a esfera instintual seja necessariamente harmoniosa. Muito pelo contrário, ela é cheia de conflitos e significa sofrimento. Eis por que o objetivo mais nobre da psicoterapia não é colocar o paciente num estado impossível de felicidade, mas sim possibilitar que adquira firmeza e paciência filosóficas para suportar o sofrimento. A totalidade, a plenitude da vida exige um equilíbrio entre sofrimento e alegria. Mas como o sofrimento é positivamente desagradável, é natural que se prefira nem conhecer a medida do medo e inquietação para a qual o homem foi criado. É por isso que se diz sempre, benevolentemente, que tudo vai melhorar, que se vai alcançar a maior felicidade do mundo, sem pensar que a fe-

185

---

* Ninguém é obrigado a ir além do que pode [N.T.].

licidade também está contaminada, enquanto não se completar a dose de sofrimento. Quantas vezes por trás da neurose se esconde todo o sofrimento, natural e necessário, que não se está disposto a suportar. Isso se observa melhor nas dores histéricas, que no desenvolvimento do processo terapêutico são substituídas pela dor psíquica correspondente, e que o doente queria evitar.

186   A doutrina cristã do pecado original por um lado, e do sentido e do valor do sofrimento, por outro, é eminentemente importante para a terapia, e sem dúvida alguma, muito mais apropriada ao homem ocidental do que o fatalismo islâmico. Do mesmo modo, a crença na imortalidade confere à vida um fluir tranquilo para o futuro, indispensável para evitar estancamentos e retrocessos. Embora se costume chamar de "doutrina" essas concepções tão importantes para a psicologia, seria um erro enorme pensar que se trata de teorias intelectuais arbitrárias. Visto do ponto de vista psicológico, trata-se muito mais, e indiscutivelmente, de experiências emocionais. Peço licença para fazer uma comparação banal: – quando me sinto bem e contente, ninguém poderá provar-me que eu não esteja me sentindo assim. A realidade vivida do que estou sentindo rechaça qualquer argumento lógico. Existe o sentimento do pecado original, o sentido do sofrimento e da imortalidade. Mas fazer a sua experiência é um carisma, que nenhuma arte humana pode obter à força. A entrega sem reservas é a única esperança de consegui-lo.

187   Mas nem todos têm esta capacidade de entrega. Nem os "tem que" ou "deve" resolvem, pois o esforço da vontade implica necessariamente num tamanho reforço do "eu quero", que o que se consegue é apenas o contrário da entrega. Os titãs não conseguiram conquistar o Olimpo à força; muito menos os cristãos, o céu. As experiências mais benéficas e psiquicamente mais necessárias são, portanto, um "tesouro difícil de alcançar", que, para ser conseguido, exige algo de excepcional do ser humano comum.

188   Como é sabido, no trabalho prático com o paciente, esse algo de excepcional é representado pela irrupção de conteúdos arquetípicos, para cuja assimilação não basta lançar mão das concepções filosóficas ou religiosas disponíveis, porque elas simplesmente não se coadunam com o simbolismo arcaico desses materiais. Vemo-nos, portanto,

obrigados a recorrer ao material da cosmovisão pré-cristão e extra-cristão, baseados no raciocínio de que ser um ser humano não é prerrogativa do homem ocidental, e a raça branca não é uma espécie de *homo sapiens* preferida por Deus. Aliás, nem é possível fazer justiça a certos fenômenos coletivos contemporâneos, se não voltarmos aos respectivos pressupostos pré-cristãos.

Parece que os médicos medievais sabiam algo a respeito, pois dedicavam-se a uma filosofia, cujas raízes provêm comprovadamente do mundo pré-cristão e era constituída de uma forma, que corresponde exatamente às experiências que hoje fazemos com os nossos pacientes. Esses médicos conheciam – além da luz da sagrada revelação – um *lumen naturae*, como uma segunda fonte de luz, independente, a que o médico pode recorrer, caso a verdade transmitida pela Igreja se revele ineficaz por algum motivo. 189

Foram razões eminentemente práticas que me levaram a fazer essas pesquisas históricas, e não um simples capricho ou um *hobby* qualquer. O nosso ensino moderno da medicina, bem como o da psicologia e filosofia acadêmicas, não dão ao médico a formação necessária, nem lhe fornecem os meios indispensáveis para enfrentar as exigências, tantas vezes prementes, da prática psicoterapêutica, de um modo eficaz e compreensivo. Sem nos envergonharmos das insuficiências do nosso diletantismo histórico, vamos ter que frequentar mais um pouco a escola dos filósofos-médicos daquele passado longínquo, do tempo em que o corpo e a alma ainda não tinham sido retalhados em diversas faculdades. Apesar de sermos especialistas, por excelência, nossa especialidade, curiosamente, nos compele ao universalismo, à profunda superação da especialização, para que a integração de corpo e alma não seja apenas conversa fiada. Já que nos metemos na cabeça que queremos curar almas, não podemos fechar os olhos para a realidade de que a neurose não tem existência em si, mas é simplesmente a própria psique perturbada pela doença. Pois então Freud não abalou o mundo com a sua descoberta de que a neurose não é uma simples composição de sintomas, mas sim um funcionamento defeituoso que afeta a alma inteira? O importante já não é a neurose, mas *quem* tem a neurose. É pelo ser humano que devemos começar, para poder fazer-lhe justiça. 190

191   O presente Congresso vem provar que a nossa psicoterapia reconheceu o seu objetivo, isto é, que o fator fisiológico e o fator espiritual têm que ser considerados em nível de igualdade. Procedendo das ciências naturais, ela vai transferir o método empírico, objetivo, à fenomenologia do espírito. Ainda que a experiência fique nisso, esse passo tem um significado imprevisível.

VII

Medicina e psicoterapia[1]

Quando falo a um auditório de médicos, sinto sempre certa dificuldade em superar os diferentes modos de encarar a patologia, isto é, a maneira de ver da medicina geral de um lado, e da psicoterapia do outro. Essas diferenças são fonte de numerosos equívocos. Por isso desejo sinceramente expor alguns pensamentos nesta breve alocução, numa tentativa de esclarecer um pouco melhor a posição específica da psicoterapia em relação à medicina. Reforçar os pontos comuns, quando existem tantas diferenças, não vai levar a nada, por mais bem intencionados que estejamos. No entanto, o psicoterapeuta tem o maior e mais particular interesse em não abrir mão do lugar que, desde a sua origem, ocupa dentro da medicina. E isso porque, por força da especificidade da sua experiência de um lado, e da sua maneira de pensar, do outro, ele se vê incumbido de defender certos interesses que não têm mais acolhida dentro da medicina de hoje, ou melhor dizendo, ainda não a têm. Esses dois fatores tendem a conduzir o psicoterapeuta a áreas de interesse que parecem estar bem afastadas da medicina e cujo significado prático é difícil explicar ao não psicoterapeuta. Este aprende coisa pouca e muitas vezes erradíssima com os relatórios da casuística e das curas espantosas obtidas. Por exemplo, ainda estou por conhecer uma respeitável neurose que possa ser descrita, ainda que aproximadamente, dentro de uma breve palestra; e nem me falem de todas as peripécias da terapia.

---

1. Conferência proferida em sessão do Senado, da Academia Suíça de Ciências Médicas, Zurique, maio de 1945. Publicada no *Bulletin der Schweizerischen Akademie der med. Wissenschaften*, vol. I, cad. 5, p. 315-325.

193   Permitam-me agora que focalize rapidamente as três fases do procedimento médico – a anamnese, o diagnóstico e a terapia – consideradas de um ponto de vista psicoterapêutico. O material patológico em que me baseio são puras neuroses psíquicas.

194   O primeiro passo é a *anamnese*, como se costuma fazer na medicina em geral, e principalmente na psiquiatria, isto é, uma tentativa de recompor, da maneira mais completa possível, o material histórico do caso. No entanto, o psicoterapeuta ainda não se dá por satisfeito com esses fatos. Não só ele conhece perfeitamente as contingências de um depoimento de testemunhas, como também as fontes particulares de erro que representam os depoimentos em causa própria, isto é, os depoimentos do paciente, que consegue – voluntária e involuntariamente – pôr em primeiro plano fatos, de cuja credibilidade em si não podemos duvidar, mas que, em vista da patogênese, também podem desorientar. Neste sistema de representações, todo o seu ambiente pode estar incluído com um valor positivo ou negativo, como se houvesse uma combinação inconsciente nesse sentido. Em todo caso, temos que estar preparados para não ouvir justamente o mais importante. Por isso, o psicoterapeuta vai ter que esforçar-se, e fazer perguntas que, aparentemente, nada têm a ver com o caso da doença apresentada. Para tanto, vai precisar não só dos seus conhecimentos profissionais, como também de intuições e ideias que lhe vão ocorrendo. Em todo caso, quanto mais estender sua rede de perguntas, mais facilmente conseguirá captar a complexidade do caso. Se existe uma doença que não pode ser localizada porque procede da totalidade da pessoa humana, essa doença é a neurose psíquica. O psiquiatra ainda pode "consolar-se" com as doenças neurológicas; o psicoterapeuta, nem isso, ainda que em seu foro íntimo possa acreditar nesse axioma. E isto, porque o caso que tem diante de si está a exigir um tratamento psíquico, em profundidade, do seu distúrbio, que nada tem a ver com sintomas cerebrais. Muito pelo contrário, quanto mais o psicoterapeuta se deixar impressionar pela eventualidade de fatores hereditários ou de complicações psicóticas, tanto mais paralisará sua ação terapêutica. Por isso ele vai ter que passar por cima de fatos importantíssimos, como a hereditariedade, a presença de sintomas esquizofrênicos ou algo do gênero, principalmente quando essas coisas perigosas lhe são apresentadas com muita ênfase. Logo, a sua

leitura dos dados da anamnese pode resultar bem diferente da de um médico.

O médico comum parte do pressuposto de que o exame do paciente deve levar, dentro da medida do possível, ao diagnóstico da sua doença, e, uma vez feito o diagnóstico, à decisão quanto aos pontos essenciais do prognóstico e da terapia. A psicoterapia constitui uma visível exceção a esta regra: para ela, o diagnóstico é extremamente irrelevante, na medida em que – exceto um nome mais ou menos adequado para o estado neurótico do paciente – nada se ganha, principalmente no que diz respeito ao prognóstico e à terapia. Contrapondo-se declaradamente ao resto da medicina, em que, de um determinado diagnóstico, decorre eventualmente um tratamento específico e um prognóstico relativamente seguro, o diagnóstico de qualquer neurose psíquica significa, no máximo, que um tratamento psíquico seria recomendado. Quanto ao prognóstico, ele é extremamente independente do diagnóstico. Também não se pode deixar de mencionar que a classificação das neuroses é uma questão bem pouco satisfatória, e que, por esta simples razão, um diagnóstico específico raramente tem algo a ver com a realidade. De um modo geral, o diagnóstico "neurose psíquica" limita-se a designar que é o oposto de distúrbio orgânico, e nada mais do que isso. Com o correr dos anos, acostumei-me a não precisar do diagnóstico específico para a neurose em geral. Em razão disso, já me vi várias vezes em apuros, quando uma pessoa excessivamente apegada ao valor das palavras me pedia que lhe fizesse um diagnóstico específico. As formas híbridas greco-latinas ainda têm um considerável valor no mercado; por isso, nem sempre podem ser dispensadas.

O diagnóstico pomposo das neuroses *secundum ordinem* é uma fachada, mas não é o diagnóstico real do psicoterapeuta. Ele não deixa de fazer uma constatação – que também poderia ser chamada de diagnóstico –, mas que não é de caráter médico, e sim psicológico. Além disso, ela não serve para ser comunicada. Por motivos de tato e posterior terapia, geralmente ela é mantida em sigilo. Essas constatações referem-se a conhecimentos que servem para orientar a terapia. É difícil traduzi-las numa terminologia latina de ressonância científica; no entanto, na linguagem corrente existem expressões bastante boas para descrever os fatos psicoterapêuticos essenciais. Trata-se não dos quadros clínicos da doença, mas sim dos psicológicos. Se alguém sofre de histeria, neurose de medo ou fobia, isso pouco importa, ao lado de uma constatação tão importante como a de que o paciente é "filhinho de papai", por exemplo. Este último diagnóstico nos dá uma informação fundamental sobre o conteúdo da neurose e as dificuldades que poderão ocorrer durante o tratamento. Em psicoterapia, o reconhecimento da doença depende por isso muito menos do quadro clínico da enfermidade do que dos complexos nela contidos. O diagnóstico psicológico visa ao diagnóstico dos complexos e, por conseguinte, à formulação de fatos que seriam antes camuflados do que mostrados pelo quadro clínico da doença. A origem do mal, propriamente dita, tem que ser detectada dentro do complexo, que representa uma grandeza psíquica relativamente autônoma. O complexo prova sua autonomia pelo fato de não se ajustar à hierarquia da consciência, ou seja, de opor uma resistência efetiva à vontade. Neste fato, facilmente constatável na prática, está a causa da crença milenar de que as psicoses e as neuroses psíquicas são *possessões*, pois o observador ingênuo não consegue fugir à impressão de que o complexo representa algo como um governo paralelo ao eu.

197   O conteúdo de uma neurose nunca pode ser constatado por um ou vários exames. Ele só se manifesta no decorrer do tratamento. O paradoxo, de só no final do tratamento se revelar o verdadeiro diagnóstico psicológico, cria-se a partir daí. Um diagnóstico seguro é bom para o clínico geral, e vale a pena consegui-lo, mas para o psicoterapeuta é muito melhor que conheça o menos possível de um diagnóstico específico. Basta que saiba com certeza duas coisas: primeiro: se o diagnóstico é orgânico ou psíquico; e segundo: o que é uma melancolia genuína e o que pode significar. De um modo geral, quanto menos o psicoterapeuta souber de antemão, melhores as perspectivas para o tratamento. Nada mais, deletério do que um "já entendi" de rotina.

198   Já constatamos que a anamnese é tida pelo psicoterapeuta como extremamente suspeita. O diagnóstico clínico é insignificante para as suas necessidades. Pois na terapia aparecem as maiores discrepâncias imagináveis em relação às ideias geralmente válidas na medicina. Há uma série de doenças físicas que permitem que, simultaneamente com o diagnóstico, sejam estabelecidas as diretrizes para um tratamento específico. Não se pode tratar uma doença com qualquer re-

médio. Nas neuroses psíquicas, porém, o único princípio válido é que o seu tratamento tem que ser psíquico. E para esse tratamento existe uma infinidade de métodos, regras, prescrições, maneiras de ver e doutrinas. Por mais curioso que pareça, qualquer desses procedimentos terapêuticos pode ter bons resultados no tratamento de qualquer neurose. As diversas linhas doutrinárias no campo da psicoterapia, de que tanto alarido se faz, no fundo não significam grande coisa. Todo psicoterapeuta que sabe alguma coisa, dependendo do caso, pode, consciente ou inconscientemente, e independentemente da teoria, mexer em todos os registros, até mesmo nos que absolutamente não existem em sua teoria. Ele pode, por exemplo, recorrer à sugestão num determinado caso, apesar de ser contrário a ela, em princípio. De qualquer forma, é impossível escapar dos pontos de vista de Freud, de Adler, ou de quem quer que seja. Todo psicoterapeuta não só tem o seu método: ele próprio *é esse método*. *Ars totum requirit hominem** diz um velho mestre. O grande fator de cura, na psicoterapia é a personalidade do médico – esta não é dada *a priori*; conquista-se com muito esforço, mas não é um esquema doutrinário. As teorias são inevitáveis, mas não passam de meios auxiliares. Assim que se transformam em dogmas, isso significa que uma dúvida interna está sendo abafada. É necessário um grande número de pontos de vista teóricos para produzir, ainda que aproximadamente, uma imagem da multiplicidade da alma. Por isso é que se comete um grande erro quando se acusa a psicoterapia de não ser capaz de unificar suas próprias teorias. A unificação poderia significar apenas unilateralidade e esvaziamento. A psique não pode ser apreendida numa teoria; tampouco o mundo. As teorias não são artigos de fé; quando muito, são instrumentos a serviço do conhecimento e da terapia; ou então não servem para coisa alguma.

A psicoterapia pode ser praticada de muitas maneiras: da psicanálise ou coisa que o valha, até o hipnotismo, e mais baixo ainda, até um pouco de mel por fora e cocô de pombos por dentro. Tudo isso pode dar eventualmente bons resultados. Pelo menos é o que parece, numa visão superficial. Olhando mais de perto, vamos compreender

---

* A arte exige o homem todo [N.T.].

que não era essa determinada *neurose*, mas aquela determinada *pessoa* que estava precisando exatamente daquele tratamento, por absurdo que nos pudesse parecer. O mesmo meio aplicado a outra pessoa teria sido o maior erro do mundo. Provavelmente, a medicina geral também sabe que não existem apenas doenças, mas pessoas doentes. Mas a psicoterapia, sobretudo, sabe – ou pelo menos deveria sabê-lo há muito tempo – que o seu objeto não é a ficção da neurose, mas a integridade perturbada de uma pessoa humana. Sem dúvida, ela também já tentou tratar da neurose, como se fosse um *ulcus cruris***, para o tratamento da qual é perfeitamente irrelevante, se a paciente foi filha predileta do pai, se é católica, protestante ou outra coisa qualquer, se se casou com um homem mais velho ou mais novo etc. A psicoterapia também começou combatendo o sintoma, como a medicina de um modo geral. Apesar de ser um método indiscutivelmente novo no campo da ciência, ele é tão velho quanto a arte de curar em si, e consciente ou inconscientemente sempre dominou pelo menos a metade do campo da medicina. Mas os verdadeiros progressos foram feitos somente nos últimos cinquenta anos, quando, devido à necessidade da especialização, se restringiu ao campo mais limitado das neuroses psíquicas. Mas aí ela percebeu, relativamente depressa, que o combate ao sintoma ou – como passou a chamar-se agora – a análise dos sintomas, era incompleta, e que, na realidade, era preciso tratar do homem psíquico inteiro.

Agora, o que quer dizer: o homem psíquico inteiro?

A medicina geral trata de preferência do homem enquanto fenômeno anatômica e fisiologicamente determinado, e só em menor grau, do ser humano definido por sua psique. No entanto, este último aspecto constitui o objeto da psicoterapia. Observando a psique do ponto de vista das ciências naturais, ela nos aparece como um fator biológico, ao lado de muitos outros: no homem, em geral esse fator é identificado com a consciência; esta também é a maneira como até hoje, quase sempre, era vista pelas ciências humanas. Concordo plenamente que a alma humana é um fator biológico, mas ao mesmo tempo peço que se pondere que a psique – e portanto a consciência –

** Úlcera na perna [N.T.].

ocupa, entre os fatores biológicos, uma posição excepcional. De fato, sem a consciência, nunca teríamos tomado conhecimento da existência do mundo, e sem a psique simplesmente não existiria nenhuma possibilidade de conhecimento, na medida em que o objeto tem que passar por um complicado processo de transformações fisiológicas e psíquicas, antes de se tornar uma imagem psíquica. Só este é que é o objeto imediato do conhecimento. A existência do mundo tem duas condições: uma é existir, a outra, ser reconhecida.

Agora, compreender a psique como epifenômeno do corpo vivo ou como um *ens per se* não importa muito para a psicologia, porque a psique sabe que é um ente, e como tal se comporta na medida em que possui uma fenomenologia própria, que não pode ser substituída por outra coisa qualquer. Através disso se manifesta como fator biológico, que pode ser descrito fenomenologicamente como qualquer objeto da ciência natural. O começo da fenomenologia psíquica encontra-se na chamada psicofisiologia e na psicologia experimental por um lado, e por outro, nos relatórios das doenças e nos métodos diagnósticos da psicopatologia (como os testes de associações e as figuras irracionais de Rorschach). Mas a grande lição nos é dada por todas as manifestações da vida psíquica, por todas as ciências humanas, concepções e movimentos religiosos, ideológicos e políticos, por todas as artes etc.

O "homem psíquico inteiro" sobre o qual inquiriríamos há pouco representa, portanto, nada menos que um universo, isto é, um microcosmo, como os antigos já pensavam acertadamente, mas erravam ao fundamentá-lo. A psique simplesmente é o espelho do SER, é o conhecimento dele e tudo se move nela.

Mas para que isso seja realmente compreendido, temos que ampliar consideravelmente o nosso conceito tradicional da psique. A identificação de psique e consciência feita originariamente não resiste à crítica feita através da experiência. O filósofo-médico C.G. Carus já o suspeitava claramente, tendo elaborado, pela primeira vez, uma inconfundível filosofia do inconsciente. Se tivesse vivido na nossa época, teria sido psicoterapeuta na certa. Naquele tempo, porém, a alma ainda era propriedade da Faculdade de Filosofia, que por ela zelava medrosamente. Por isso mesmo não podia ser discutida no quadro da medicina, muito embora os médicos românticos tivessem feito muitas experiências pouco ortodoxas nesse sentido. Aqui me ocorre principalmente Justinus Kerner. O preenchimento das lacunas dos processos conscientes, por processos inconscientes hipotéticos, ficou reservado a um passado bem recente. A probabilidade da existência de uma psique inconsciente talvez seja comparável à de um planeta que ainda não se descobriu, mas de cuja existência se suspeita devido às interferências em uma órbita planetária conhecida. Infelizmente não dispomos de um telescópio que viesse em nosso auxílio e nos confirmasse as suspeitas. Com a introdução do conceito do inconsciente, o conceito de alma estendeu-se para a fórmula: "psique = consciência do eu + inconsciente".

205   Inicialmente, o inconsciente foi entendido como sendo personalístico, isto é, seus conteúdos, dizia-se, provinham exclusivamente da esfera do eu consciente e só se tornavam inconscientes (por recalque) secundariamente. Mais tarde, Freud admitiu a existência de restos arcaicos no inconsciente, pensando que tinham mais ou menos o significado de atavismos anatômicos. No entanto, ainda se estava longe de uma conceituação satisfatória do inconsciente. Faltava descobrir determinadas coisas, que, na realidade, eram óbvias, como, antes de mais nada, o fato de que, em cada criança, a consciência se desenvolve a partir do inconsciente, no decorrer de alguns anos; segundo: que a consciência sempre é apenas um estado transitório, que depende de um desempenho fisiológico de máxima intensidade e é regularmente interrompido por fases de inconsciência, isto é, pelo sono; e, finalmente, que a psique inconsciente possui não só maior longevidade, como também está continuamente presente. Chega-se, assim, a uma conclusão essencial, isto é, que a verdadeira psique é o inconsciente, e que a consciência do eu só pode ser encarada como um epifenômeno temporário.

206   O caráter de microcosmo da psique era atribuído pelos antigos ao homem psicofísico. Atribuí-lo à consciência do eu seria sobrestimá-la desmesuradamente. Mas com o inconsciente é diferente. Por definição e efetivamente, ele não pode ser circunscrito. Assim sendo, temos que olhar para ele como uma coisa sem limites, tanto no grande como no pequeno. Saber se podemos chamá-lo de microcosmo ou não, depende unicamente da pergunta se existem partes do mundo que ultrapas-

sam a experiência pessoal e podem ser detectadas comprovadamente no inconsciente, isto é, se existem certas constantes que não são adquiridas individualmente, mas existem *a priori*. Há muito tempo o estudo dos instintos, bem como as experiências biológicas com as simbioses entre insetos e plantas já tinham conhecimento dessas coisas. Mas quando se trata da psique, vem imediatamente o medo de que sejam "ideias herdadas". Mas não é disso que se trata. Trata-se, isso sim, de um apriorismo, isto é, de uma determinação pré-natal de modos de comportamento e de funções. É que se presume a existência de modos de funcionar da psique que poderiam ser comparados à maneira como um pintinho sai da casca do ovo, que é igual no mundo inteiro. Isto é, presume-se que existam determinadas maneiras de pensar, sentir e imaginar, comprovadamente iguais no mundo todo, independentemente da tradição ou da cultura. Prova universal do acerto dessa expectativa é a ubiquidade da propagação de "mitologemas" paralelos e os *pensamentos dos povos* ou ideias primordiais de Bastian, e prova particular, é a reprodução espontânea das mesmas, na alma de indivíduos entre os quais não há transmissão direta possível. O material experimental onde se encontram esses casos está contido nos sonhos, fantasias, alucinações e coisas semelhantes.

Os mitologemas são as "partes do universo" há pouco mencionadas, que estão estruturalmente compreendidas na psique. Representam as tais constantes que, em todo o tempo e lugar, se exprimem de maneira relativamente idêntica. 207

O que é que todas essas reflexões, afinal, têm a ver com a terapia?, hão de perguntar, um tanto surpresos. As neuroses estão, de alguma forma, ligadas aos distúrbios dos instintos, isso não é de estranhar. Pois bem, os instintos, conforme nos mostra a biologia, não são impulsos cegos, espontâneos e isolados, mas estão intimamente ligados a imagens de situações típicas, e não há a menor possibilidade de desencadeá-los, se as condições dadas não corresponderem à imagem apriorística da situação. Os conteúdos coletivos que se exprimem nos mitologemas representam justamente as imagens de situações que estão o mais intimamente ligadas à libertação dos impulsos instintivos. É por este motivo que o seu conhecimento é da maior importância prática para o psicoterapeuta. 208

209 É claro que a pesquisa sobre essas imagens e suas propriedades nos levam, aparentemente, a áreas muito distantes da medicina. A sorte – ou azar – da psicologia empírica é ocupar um lugar no meio de todas as faculdades; isso ocorre precisamente porque a alma humana participa de todas as ciências, já que ela é pelo menos metade da condição prévia para a existência de todas elas.

210 A minha explicação deve ter levado à conclusão de que tudo o que a psicoterapia tem em comum com a sintomatologia clinicamente detectável, isto é, com as constatações da medicina, sem ser irrelevante, é apenas secundário, na medida em que o quadro clínico da doença é um quadro provisório. O que é verdadeiro e essencial, no entanto, é o quadro psicológico, que só pode ser descoberto, no decorrer do tratamento, por trás do véu dos sintomas patológicos. As ideias tiradas da esfera da medicina não bastam para aproximar-nos da essência das coisas psíquicas. Mas, apesar de que a psicoterapia – como parte da arte de curar, e por diversas razões de peso – nunca deveria escapar das mãos do médico, e, por isso mesmo, deveria ser ensinada nas Faculdades de Medicina, ela é obrigada a buscar subsídios importantes nas outras áreas da ciência. Aliás, isso já foi feito por outras disciplinas, dentro da medicina, há muito tempo. Mas, ao passo que a medicina geral pode restringir-se aos subsídios fornecidos pelas ciências naturais, a psicoterapia precisa também da ajuda das ciências humanas.

211 Se quisesse complementar de fato a minha exposição sobre as diferenças entre a medicina geral e a psicoterapia, seria preciso fazer uma descrição da fenomenologia dos processos psíquicos, produzidos durante o tratamento e que não têm equivalência na medicina. Mas tenho que renunciar a essa parte, pois teria que ultrapassar o espaço desta minha alocução. Espero, todavia, que o pouco que tive oportunidade de dizer tenha servido para esclarecer alguns pontos sobre a relação psicoterapia e medicina.

VIII
Psicoterapia e atualidade[1]

Seria uma incumbência realmente importante examinar mais de perto quais as relações da psicoterapia com a situação atual do espírito europeu. No entanto, não se levará a mal se, ao tentar empreender semelhante façanha, a pessoa recuar de repente, porque quem garante que a imagem que se faz das condições psíquicas e espirituais da Europa na atualidade seja fiel e corresponda à verdade? Será que, como participantes e contemporâneos de um acontecimento inaudito, temos condições efetivas de formar um juízo sereno e enxergar com clareza nesse indescritível caos político e ideológico da Europa dos nossos dias? Ou será melhor encolher as fronteiras da psicoterapia e restringir a nossa ciência a um enfoque mais modesto de especialistas indiferentes à catástrofe que está levando à ruína a metade do mundo? Receio que, se nos decidirmos por esta última alternativa – apesar de sua louvável modéstia – estejamos contrariando a essência da psicoterapia, que, afinal de contas, é "tratamento da alma". Ao conceito de "psicoterapia" inere uma enorme exigência, qualquer que seja o âmbito a que a circunscrevamos, posto que a *alma* é a matriz de toda ação, e, consequentemente, de todos os acontecimentos determinados pela vontade dos homens. Não seria apenas difícil, mas literalmente impossível, destacar aleatoriamente um pedacinho do campo infinitamente vasto da vida da alma, e estabelecer, daqui para frente, o campo de jogos reservado a uma coisa chamada psicoterapia. É verdade que a medicina se viu obrigada a demarcar para si um

---

1. Conferência proferida na reunião dos Psicoterapeutas Suíços em Zurique, 1941. Publicada na *Schweizerische Zeitschrift für Psyshologie*, 1945, vol. IV, cad. 1, e em *Aufsätze zur Zeitgeschichte*, 1946. p. 25-56.

campo especial, o das neuroses e das psicoses, o que é conveniente e possível, tendo em vista a finalidade prática do tratamento. Mas essa demarcação artificial deve ser rompida, assim que a psicoterapia entender a sua problemática não só como técnica, mas também como ciência. A ciência, em si, não tem limites; simplesmente não existe especialidade alguma que possa ufanar-se de ser totalmente autárquica. Qualquer especialidade é levada a ultrapassar os seus limites e a penetrar no território vizinho, se quiser fazer jus ao *status* de ciência. Mesmo uma técnica tão altamente especializada como a psicanálise freudiana não pôde impedir a invasão em outros campos da ciência, bastante remotos às vezes. Realmente é impossível fazer o tratamento da alma e da personalidade humana, isolando umas partes do resto. Nos distúrbios psíquicos talvez apareça com maior clareza do que nas doenças físicas, que a alma é um todo, onde tudo depende de tudo. Com a sua neurose, o doente não nos põe em presença de uma especialidade, mas de toda uma alma, e com ela, de todo um mundo; essa alma depende dele, e sem ele nunca será possível entendê-la satisfatoriamente. É por isso, talvez, que a psicoterapia tem menos condições que qualquer outro campo especializado, de refugiar-se no domínio sacrossanto de uma especialidade, que, por assim dizer, já nada tem a ver com a vastidão do mundo que está aí. Por mais que tentemos concentrar-nos no mais pessoal da pessoa, a nossa terapia não teria sentido sem a pergunta: de que mundo vem o nosso doente, e a que mundo deve ele ajustar-se? O mundo é uma realidade que transcende a pessoa, e uma psicologia essencialmente personalística nunca poderá fazer-lhe justiça. Este tipo de psicologia só vale até onde vai o aspecto pessoal do ser humano. Mas, na medida em que o homem também é um pedaço do mundo, ele traz o mundo, isto é, algo de suprapessoal ou de impessoal dentro de si. Isso implica toda uma infraestrutura física e psíquica, na medida em que se trata de uma realidade preexistente. As personalidades de pai e mãe são, sem dúvida, o primeiro – e ao que parece – o único mundo do ser humano infantil; caso o permaneçam por demasiado tempo, ele entrará inevitavelmente pelo caminho da neurose, pois o imenso mundo no qual deveria fazer a sua estreia, como um todo, já não é o mundo de pai e mãe, mas uma realidade que transcende o pessoal. No convívio com os irmãos, já começa a desacostumar-se da relação infantil para com pai e mãe. Mesmo o irmão mais velho já não é o pai verdadeiro, nem a irmã mais velha, a mãe verdadeira. Mais tarde, marido e mulher são originariamente estranhos um ao outro, e vêm de famílias estranhas, com antecedentes históricos, e às vezes também sociais, diferentes. São os filhos que, literalmente, forçam os pais a desempenhar o papel de pai e mãe, papel este, que antes, devido à sua atitude infantil, só viam nos outros, numa tentativa de conservar para si todas as vantagens do papel de criança. Através desse processo enantiodrômico de todas as vidas mais ou menos normais, força-se uma transformação da atitude que, do extremo da atitude infantil, passa ao outro extremo da de pais. Essa transformação requer o reconhecimento de fatos e valores objetivos, do qual a criança pode eximir-se. Mas já na escola, ensinam-lhe, implacavelmente, a conceber um tempo objetivo, o dever e o cumprimento do dever, a autoridade alheia, não levando em conta se ela gosta ou não da escola ou do professor. Com a escola, e o avançar incessante do tempo, uma realidade objetiva após a outra vai penetrando cada vez mais na vida pessoal, sem perguntar se é aceita ou se se tem alguma opinião a respeito. Com isso, uma coisa vai-se tornando tremendamente clara: que todo prolongamento do mundo de pai e mãe, além do tempo normal, tem que ser pago a um preço muito caro. Todas as tentativas de transferir o mundo pessoal infantil para o mundo externo acabam falhando. Até mesmo a transferência que ocorre durante o tratamento das neuroses é, na melhor das hipóteses, uma fase intermediária apenas, uma oportunidade de tirar todas as cascas de ovo que porventura ainda estejam grudadas no indivíduo desde a infância, e retirar as projeções da "imago" dos pais da realidade exterior. Essa operação é uma das tarefas mais difíceis da psicoterapia moderna. Antigamente, acreditava-se, com otimismo, que a "imago" dos pais pudesse, de certa forma, decompor-se e dissolver-se pela análise dos seus conteúdos. Mas na realidade não é assim: a "imago" dos pais pode, de fato, ser libertada do estado de projeção, e desligada do mundo exterior, mas ela se conserva inalterada, como todas as aquisições da primeira infância. Retiradas as projeções do mundo exterior, elas recaem sobre a própria alma, pois foi lá que elas se formaram, em grande parte[2].

---

2. Como se sabe, a "imago parental" é constituída, de um lado, pela imagem dos próprios pais adquirida pela pessoa, de outro, porém, pelo arquétipo parental, apriorístico, isto é, presente na estrutura pré-consciente da psique.

213   Antes de entrar na questão do que acontece, quando a "imago" dos pais já não é projetada, queremos voltar-nos para uma outra questão, ou seja, saber se este problema, que hoje é levantado pela psicologia moderna, é uma novidade ou não. Nos tempos em que a psicologia científica ainda não existia, no sentido que hoje lhe damos, este problema já era, ou ainda não era conhecido? E como se apresentava no passado?

214   Uma vez que antigamente não se conhecia uma psicoterapia nos moldes que hoje conhecemos, é impossível esperar que as formulações históricas do passado contivessem algo de parecido com as nossas. Mas já que sempre e em todo lugar existiu a transformação da criança em pais, de que falamos, e que, à medida que a consciência ia aumentando, a dificuldade dessa transformação também era sentida subjetivamente, temos que suspeitar que tenha existido um ou diversos sistemas psicoterapêuticos comuns, para facilitar essas passagens difíceis. Efetivamente, nos níveis mais primitivos, já encontramos certas medidas incisivas, tomadas precisamente em todos os momentos da vida em que uma transição psíquica tinha que ser realizada. Menciono principalmente os rituais de iniciação da puberdade, os costumes dos casamentos, nascimentos e mortes. A observância de todas essas cerimônias, que em nível primitivo ainda se mantêm isentas de influências estranhas, é a mais rigorosa e exata possível, talvez, mais que tudo, para afastar eventuais danos psíquicos que ameaçam nesses momentos, mas além disso também para preparar o iniciando e proporcionar-lhe os ensinamentos necessários à vida. A vida e a prosperidade de uma tribo primitiva depende muito especialmente da execução conscienciosa das cerimônias, dentro do espírito da tradição. Nos lugares em que, pela influência do branco, esses costumes vão desaparecendo, acaba a vida própria da tribo. Ela perde a sua alma e se desagrega. Neste sentido, a influência das missões cristãs tornou-se uma questão bem polêmica. O que vi com meus próprios olhos na África deixou-me sobremodo pessimista.

215   Em nível mais elevado e civilizado, vemos as grandes religiões empenhadas na mesma obra. Temos as cerimônias do batismo, confirmação, casamento e sepultamento, que, no rito católico, como se sabe, são muito mais originais, vivas e completas do que no protestantismo. Aqui também assistimos ao desaparecimento do "mundo

pai-mãe" da criança, substituído por um rico mundo de símbolos analógicos: uma ordem patriarcal acolhe o adulto numa nova filiação, onde é gerado espiritualmente e renasce[3]. O papa, na qualidade de *pater patrum*, e a *ecclesia mater* são os pais de uma família que abarca a cristandade inteira, na medida em que em parte isso não é contestado. Se, no decorrer da evolução, a "imago" dos pais tivesse entrado em decomposição, e, portanto, perdido a eficácia, tal ordem teria perdido sua razão e possibilidade de ser, e, consequentemente, nem poderia existir. Mas desta forma, encontrou-se um lugar para a "imago" dos pais, que permanece ativa, bem como para o sentimento da criança que é indestrutível e sensatamente protegido no seio dessa ordem. Além disso, diversas outras instituições da Igreja cuidam da continuidade e da correspondente renovação dessa relação. Entre elas, distingo sobretudo a missa e a confissão. A comunhão é a mesa familiar, na exata acepção do termo, em torno da qual se reúnem os membros da família que se alimentam na presença da divindade, segundo um sagrado costume que remonta aos tempos dos primeiros cristãos.

Não é necessário deter-se por mais tempo na descrição dessas coisas que todos conhecem. Lembro-as apenas para mostrar que o tratamento da alma, nos tempos que nos antecederam, visava as mesmas realidades fundamentais da vida humana que a psicoterapia moderna. Mas, como é diferente a maneira como a religião lida com a "imago" dos pais! Ela nem pensa em desfazê-la, ou em destruí-la, mas reconhece-a como uma realidade da vida que é impossível, se não inconveniente, eliminar. Deixa-a vivendo, transformada numa forma mais elevada, no quadro de uma ordem patriarcal, apoiada na mais rigorosa tradição, que fez com que não só decênios, mas milênios se mantivessem numa viva coesão. Como ela sustenta e cuida da alma infantil individual, assim ela também conservou vivos numerosos vestígios da alma infantil da humanidade. Isso para prevenir um dos mais graves males psíquicos, a saber, a perda das raízes, que não só é perigosa para as tribos primitivas, mas também para o homem civilizado. A dissolução de uma tradição, por mais necessária que seja em certas épocas, sempre é uma perda e um perigo; um perigo para a

---

3. O batismo. Verificar também o texto da "benedictio fontis" na Missa da Páscoa.

alma, porque a vida instintiva – como o que há de mais conservador no homem – se exprime justamente através dos hábitos tradicionais. As convicções e os costumes transmitidos pela tradição estão profundamente arraigados nos instintos. Se são perdidos, a consciência separa-se do instinto: em consequência, a consciência perde suas raízes, e o instinto, agora sem expressão, retomba no inconsciente, cuja energia se reforça; esta, por sua vez, transborda para os respectivos conteúdos conscientes, o que torna então a falta de raízes do consciente realmente perigosa. Essa secreta *vis a tergo** provoca um hibridismo na consciência, que se manifesta por uma supervalorização de si mesmo, ou por um complexo de inferioridade. Em todo caso, ocorre um distúrbio do equilíbrio, que é o terreno mais propício para os danos psíquicos.

217   Um olhar sobre a história, mais que milenar, da nossa civilização europeia, mostra-nos que o ideal europeu de educação e o tratamento da alma era, e em grande parte ainda é, um sistema patriarcal, apoiado no reconhecimento da "imago" dos pais. Por isso, por mais revolucionária que seja sua atitude consciente, temos que contar no indivíduo com uma psique estruturada de maneira patriarcal ou hierárquica, que conserva ou, pelo menos, procura essa estrutura. Simplesmente, toda e qualquer tentativa de tornar ineficaz a "imago" dos pais e a alma da criança em nós está de antemão condenada ao fracasso.

218   Voltamos, assim, à nossa questão inicial sobre o que acontece quando a "imago" dos pais já não é projetada. Desligar a "imago" dos pais projetada em certas pessoas é possível, sem dúvida, e pertence, por assim dizer, à base concreta dos nossos sucessos terapêuticos. Contudo, o problema se torna mais dificultoso, quando a "imago" é transferida para o médico. Neste caso, eliminar a transferência pode tornar-se um drama decisivo. Porque, o que vai acontecer com a "imago", no momento em que deixa de estar ligada a uma pessoa? O papa, como pai supremo da cristandade, recebe seu múnus de Deus. Como é o servo dos servos, a transferência da "imago parental" é desviada para o Pai do Céu e a Mãe Igreja na Terra. Mas o que acontece com os que não têm raízes, e com os que romperam com a tradi-

---

* Força de retaguarda [N.T.].

ção? O professor Murray[4], da Universidade de Harvard – confirmando minha experiência já externada anteriormente – provou, baseado em vasto material estatístico, que, entre os judeus, a média da incidência de complexos é a mais elevada. Em segundo lugar, vêm os protestantes, e só em terceiro lugar é que se situam os católicos. A visão de mundo está diretamente relacionada com o bem-estar psíquico. Afinal, isso pode ser verificado pela influência verdadeiramente colossal que a maneira de ver as coisas, isto é, a filosofia de vida de uma pessoa, exerce sobre a vida e o estado de alma da pessoa. Tanto é assim, que quase se pode dizer que as coisas são muito menos como elas são, do que como nós as vemos. Se não temos uma opinião boa a respeito de certa coisa ou situação, já não a vemos com bons olhos e, em geral, ela não é boa mesmo. E, inversamente, quantas coisas se tornam suportáveis e até possíveis, só porque abrimos mão de certos preconceitos e conseguimos mudar nossa opinião a respeito! Paracelso, que foi antes de mais nada um médico genial, dizia que quem não entende da arte de "teorizar" não é médico[5]. Com isso, queria apenas dizer que o médico não só precisava ter para si, mas também tinha que dar ao doente algum conhecimento e esclarecimento sobre a sua doença, o que iria permitir que o médico curasse, e o doente recuperasse a saúde ou pelo menos suportasse o fato de estar doente. É por isso que ele diz: "qualquer doença é purgatório"[6]. Ele reconheceu conscientemente o poder de cura inerente à maneira de ver o mundo e utilizou-o amplamente. Por isso, quando trato de um católico praticante, no momento em que surge o problema da transferência, retiro-me como médico, e passo o problema para a Igreja. Mas se estou tratando de uma pessoa que não é católica, esta saída é inviável, e não posso eximir-me devido à minha função de médico, pois, em geral, não tenho à mão uma pessoa ou algo a quem passar adequadamente a "imago" do pai. Aliás, posso fazer com que o paciente entenda racionalmente que não sou o pai. Mas nesse caso, fico sendo o pai sensato, e ainda assim, não deixo de ser o pai. Não só a natureza, mas o paci-

---

4. *Explorations in Personality*.
5. *Labyrinthus medicorum*, cap. VIII: *Theorica medica*.
6. *De ente Dei*, p. 226.

ente também, tem um *horror vacui*. Tem um medo instintivo de deixar a "imago" dos pais e sua alma de criança caírem no vazio de um passado sem esperança e sem porvir. Seu instinto lhe diz que essas coisas têm que continuar vivas de qualquer forma, porque a sua integridade depende disso. Ele sabe que a eliminação completa da projeção vai deixar numa solidão infinita o seu eu tão pouco amado e, por isso mesmo, tão importuno. Antes, quando ainda dentro da projeção, já não dava para aguentar. Por isso, é pouco provável que agora aguente e, ainda por cima, por motivos puramente racionais. É por esta razão que, no momento em que se liberta de uma ligação demasiadamente pessoal com os pais, o católico não terá dificuldade em voltar para os mistérios da Igreja, agora com uma compreensão melhor e mais profunda deles. Aliás, também existem protestantes que encontram numa das novas modalidades do protestantismo algo que tem sentido para eles, retornando, assim, a uma religiosidade autêntica. Todos os demais casos – quando não chegam a soluções violentas e não raro danosas – vão quedar-se, por assim dizer, na relação da transferência, pondo à prova não só a sua própria paciência, mas também a do médico. Parece que isso não se pode evitar, porque cair de repente no estado da orfandade e abandono dos pais pode, devido à repentina mobilização do inconsciente que daí resulta, tornar-se perigoso nos casos em que já existe uma tendência psicótica. Eis por que a retirada da projeção só pode e deve ocorrer gradativamente. A integração dos conteúdos destacados da "imago" dos pais tem um efeito mobilizador sobre o inconsciente, pois essa "imago" está carregada da mesma energia que tinha inicialmente, no tempo da infância, e continua, na idade adulta, a influir decisivamente sobre o destino. Devido à integração, o inconsciente recebe um considerável acréscimo de energia, o que logo se manifesta pelo fato de o consciente ser fortemente determinado pelos conteúdos inconscientes. Ao isolamento da pura consciência do eu seguem-se paradoxalmente sonhos e fantasias, em que agora aparecem conteúdos impessoais e coletivos, constituídos do mesmo material de certas psicoses esquizofrênicas. Por esse motivo, a situação não é isenta de perigo, pois o eu, que antes estava dissolvido nas suas relações com o mundo que o cercava, ao desligar-se das projeções, entre as quais a transferência para o médico tem finalmente um papel preponderante, corre agora o perigo de se desintegrar no conteúdo do inconsciente coletivo; pois é aí, nesse mundo do além, que os pais e sua "imago", mortos para o mundo exterior, continuam vivendo e atraindo a projeção desintegradora do eu, como antes.

Mas neste ponto do processo, produz-se um efeito compensador, de saúde, que sempre me enche de admiração, como se fosse um milagre. Face à tendência perigosa e desagregadora, o mesmo inconsciente coletivo dá origem a uma reação em contrário, na forma de um processo centrador, caracterizado por símbolos inconfundíveis. Este processo vai constituir nada menos do que um novo centro para a personalidade, cuja característica – conforme mostram os símbolos – é estar acima do eu, e cuja superioridade também é comprovada empiricamente, numa fase posterior. É por isso que esse centro não pode ser subordinado, mas na valoração tem que ser colocado acima do eu. Além disso, já não se pode designá-lo como *eu*, razão por que o denominei o "Si Mesmo" (*selbst*). Experimentar e vivenciar esse si mesmo é a meta mais nobre da *ioga* indiana. Por este motivo, será bom para a psicologia do si mesmo que nos familiarizemos com os tesouros do saber indiano. Tanto aqui como na Índia, a experiência do si mesmo nada tem a ver com intelectualismo, mas é uma experiência vital e profundamente transformadora. O processo que conduz a ela foi por mim denominado *processo de individuação*. Se recomendo o estudo da ioga clássica, não é porque pertença àquele tipo de pessoas que reviram os olhos em êxtase quando ouvem pronunciar palavras mágicas como *dhyana*, *budhi* e *mukti*, mas porque, psicologicamente, podemos aprender muita coisa com a filosofia ioga, coisas de utilidade prática para nós. Além disso, o material está à nossa disposição nos livros orientais, ou melhor, em suas traduções, formulado de uma maneira perfeitamente compreensível. Tampouco o faço por nada possuirmos de equivalente aqui no Ocidente: mas recomendo a ioga simplesmente porque o conhecimento das coisas ocidentais que têm alguma afinidade com a ioga é, por assim dizer, inacessível, isto é, só está ao alcance de especialistas. Esse saber vive oculto, foi completamente deformado e tornou-se irreconhecível por uma disciplina arcana e pelas asneiras que lhe vêm na esteira: é a alquimia que disfarça uma meditação ioga ocidental que, por medo da heresia e das suas dolorosas consequências, foi cuidadosamente escondida. A alquimia, no entanto, tem uma vantagem inestimável sobre a ioga indiana, sobretudo para a prática do psicólogo, que é o fato de o seu conteúdo de ideias ser expresso quase que exclusivamente num simbolismo riquíssimo, simbolismo este que precisamente também encontramos hoje nos nossos pacientes. A meu ver, a ajuda dada pela alquimia para a compreensão dos símbolos do processo da individuação é da maior importância[7].

220   A alquimia designa aquilo que eu chamo de *si mesmo*, como *incorruptibile*, isto é, a substância que já não pode ser decomposta, como o uno e simples, que já não pode ser reduzido a outra coisa, e ao mesmo tempo, como universal, a que um alquimista do século XVI até deu o nome de *Filius Macrocosmi*[8]. As descobertas modernas coincidem, em princípio, com essas formulações.

221   Tive que mencionar tudo isso para chegar ao problema, como ele se apresenta hoje. Seguindo o caminho da evolução natural com persistência e coerência é que chegamos à experiência do si mesmo e do simples "ser como se é" (*Sosein*). A divisa de Paracelso – cujo 400º aniversário da morte comemoramos no outono de 1941 – tão autenticamente suíça quanto autenticamente alquimista, exprime exatamente a mesma coisa, porém, como exigência ética: *Alterius non sit, qui suus esse potest*. (Não pertença a outrem quem pode pertencer-se a si próprio). Mas o caminho que leva até aí é penoso, e nem todos podem trilhá-lo. *Est longíssima via*, dizem os alquimistas. Em todo caso, nós nos encontramos apenas no início de uma evolução, cujas origens se radicam na alta antiguidade, e cuja vida, durante toda a Idade Média, se limitava a um existir segregado, a um vegetar no escuro e era representada por estranhos seres solitários, que, não sem razão, eram chamados de *tenebriones*. Contudo, homens como Alberto Magno, Roger Bacon e Paracelso foram os pais da ciência moderna, cujo espírito muito contribuiu para abalar a autoridade da Igreja absolutista. O espírito das ciências naturais também gerou a nossa psicologia moderna, que, sem o saber, continua a obra começa-

---

7. Cf. *Psicologia e alquimia* e *Psicologia e religião*.
8. KHUNRATH, H.C. *Von hylealischen, das ist, pri-materialischen catholischen, onder allgemeinem natürlichen Chaos*, 1597.

da pelos alquimistas. Como eles, que estavam convencidos de que o *donum artis* era privilégio de apenas alguns *electis*, nós também fazemos nitidamente a experiência da dificuldade do trabalho de cada um individualmente, e de como só poucos têm acesso aos conhecimentos e experiências do trabalho psicológico. Enquanto isso, prossegue de maneira assustadora a obra de decomposição e enfraquecimento daquela instituição salutar que é a Igreja Cristã. A perda de uma autoridade segura leva gradativamente a uma anarquia filosófica e político-social, que repugna à alma do europeu, habituado à ordem patriarcal. Do ponto de vista social, os rudimentos da conscientização individual e do amadurecimento da personalidade ainda estão tão frágeis, que, diante das necessidades históricas, nem chegam a pesar na balança. Para evitar que os fundamentos da estrutura social europeia sejam abalados há que restabelecer a autoridade sem tardar e *à tout prix*.

Provavelmente é esta a razão do movimento que apareceu na Europa, tendendo a substituir o sistema coletivo da Igreja pelo sistema coletivo do Estado. E do mesmo modo que outrora, a Igreja era absolutista em sua ânsia de exercer a teocracia, o Estado reivindica agora o direito ao totalitarismo mais absoluto. Não é que se esteja substituindo a mística do espírito pela mística da natureza ou do *lumen naturae*, como propunha Paracelso, mas pela absorção total do indivíduo num sistema coletivo político, chamado "Estado". Abre-se assim uma saída para o dilema: a "imago" dos pais pode ser projetada no Estado, como o grande generoso que a todos sustenta, como a autoridade que determina todo pensamento e toda vontade. A finalidade da ciência é pôr-se a serviço do sistema coletivo social, e ela é apenas valorizada, na medida em que se torna materialmente útil à consecução dos seus objetivos. O desenvolvimento natural da alma não é substituído por uma orientação espiritual que, transpondo épocas, mantenha vivos os valores culturais, mas sim por uma orientação política, a serviço de determinados grupos ávidos de poder e que prometem certas vantagens econômicas às massas. O anelo ardente por uma ordem patriarcal e hierárquica, profundamente arraigado no europeu, encontra dessa maneira uma expressão concreta que lhe convém, e corresponde bem demais aos instintos da massa, mas que se estabelece num nível que não pode ser senão prejudicial à cultura em todos os sentidos.

223   A essa altura, os espíritos vão forçosamente dividir-se. Na medida em que a psicoterapia se fundamenta em bases científicas, e, portanto, numa pesquisa, em princípio, livre, ela anuncia sua intenção de educar o homem para a independência do seu ser e para a liberdade moral, de acordo com os conhecimentos que foram sendo adquiridos através de pesquisas científicas, isentas de preconceitos. Mesmo que o indivíduo tencione adaptar-se a uma condição predeterminada qualquer, isso sempre tem que ser feito conscientemente e por opção própria e livre. Na medida, porém, em que os objetivos políticos, isto é, o Estado, se impuserem como prioritários, a psicoterapia transformar-se-á, obrigatoriamente, em instrumento de um determinado sistema político, para cujos fins se educará o homem; para tanto, este deverá ser afastado do seu destino próprio e supremo. Sem dúvida, objetar-se-á a essa conclusão, dizendo que o fim último do homem não é a sua existência individual, mas a marcha da sociedade humana, pois sem ela o indivíduo nem chegaria a existir. De fato, esta objeção é séria, e não pode ser simplesmente descartada. Não resta a menor dúvida de que o indivíduo só existe graças à sociedade. Isso sempre foi assim. É a razão da existência dos rituais de iniciação do homem nos povos primitivos, que têm por fim desligar o indivíduo da sua família e da sua identidade anterior, através de uma morte-mistério, para fazê-lo renascer como membro da tribo. Também encontramos civilizações antigas, como a egípcia e a babilônica, que faziam toda individualidade culminar na pessoa do rei, mantendo o homem individual no anonimato. Ou então, observamos famílias inteiras, em que há gerações a individualidade do nome compensa a nulidade dos portadores desse nome. Vemos ainda gerações de artistas japoneses que adotam o nome do mestre, apondo-lhe simplesmente uma cifra e renunciando ao próprio nome. O grande, o indelével mérito do cristianismo, em contraposição a essas manifestações arcaicas, todas elas criadas a partir da projeção primitiva dos conteúdos anímicos, foi reconhecer que todo ser humano é digno de possuir uma alma imortal, ao passo que, antigamente, o único com direito a essa prerrogativa era o rei. Não cabe discutir aqui o grau de progresso da consciência humana e da cultura em geral, que representa essa inovação cristã, que vem suprimir a projeção dos supremos valores da alma individual na pessoa do rei ou de outro eleito qualquer. Nes-

te ponto, o destino para a consciência, a liberdade moral e a cultura, inerente à natureza do ser humano, provou ser mais forte do que a surda coação das projeções, que mantêm o indivíduo constantemente preso à escuridão da inconsciência, oprimindo até anulá-lo. Contudo, esse caminho lhe coloca uma cruz nas costas, isto é, o tormento da consciência, o conflito moral e a insegurança do próprio pensamento. Esta missão é tão tremendamente difícil, que, se algum dia conseguirmos levá-la a cabo, isso só será conseguido em etapas seculares, às custas de infindos sofrimentos e esforços na luta contra todos os poderes, que constantemente nos querem persuadir a seguir pelo caminho mais fácil da inconsciência. Nesse caminho da inconsciência, acreditamos sempre que a missão pode ser delegada a "outrem", ou até – e por que não? – Ao Estado anônimo. Mas quem é esse "outrem"? Quem são esses super-homens? – Evidentemente são super-homens – que pretendem ser capazes de fazer o que todo mundo acha que não pode fazer? São pessoas iguais a nós, que pensam e sentem como nós, só que são mestres na arte de delegar aos outros. Afinal, quem é o Estado? É a soma de todas as nulidades que o constituem. Se pudéssemos personificá-lo, o resultado seria um indivíduo, ou melhor, um monstro, que, do ponto de vista ético e espiritual, estaria muito abaixo do nível da maioria dos indivíduos que o compõem, pois ele representa a psicologia das massas elevada à máxima potência. Eis por que o cristianismo, nos seus melhores tempos, nunca confiou no Estado, mas fixou uma meta sobrenatural para o homem, a fim de libertá-lo do poder compulsivo de todas as suas projeções neste mundo dominado pelo espírito das trevas. E deu-lhe uma alma imortal, para que tivesse um ponto de apoio para transformar radicalmente o mundo, ao ver sua meta não na dominação do mundo, mas na posse do Reino de Deus, arraigado dentro do seu coração.

Por isso o homem não pode existir sem a sociedade, do mesmo modo que ele também não pode subsistir sem oxigênio, água, albumina, gordura etc. Como essas substâncias, a sociedade também é uma condição necessária à sua existência. Seria ridículo dizer que o homem vive para poder respirar o ar. Igualmente ridículo seria dizer que o indivíduo existe para a sociedade. "Sociedade" é um simples conceito para a simbiose de um grupo humano. Um conceito não é portador de vida. O único portador natural de vida é o indivíduo, e assim é na natureza inteira⁹. "Sociedade" ou "Estado" é uma soma de portadores de vida, e simultaneamente, enquanto organização dos mesmos, uma das mais importantes condições de vida. Por isso também não é bem verdade que o indivíduo só pode existir como partícula de uma sociedade. Em todo caso, o homem pode viver muito mais tempo sem Estado do que sem ar.

225 Ao fazer prevalecer o objetivo político, não há dúvida de que uma coisa secundária foi elevada à categoria de essencial. Neste caso, o indivíduo se engana quanto ao seu destino verdadeiro, e dois mil anos de cultura cristã são simplesmente apagados. Pois, em vez da expansão da consciência pela supressão das projeções, surge uma retração da mesma, e isso, porque a sociedade, que é uma simples condição para a existência humana, é apresentada como fim. Mas a sociedade é a maior sedução para a inconsciência, pois a massa devora invariavelmente o indivíduo que não está firmemente fundamentado em si, e, em todo caso, o reduz a uma partícula impotente. Ao reivindicar o totalitarismo, o Estado não pode tolerar, por um instante sequer, que a psicoterapia se atribua o direito de ajudar uma pessoa a realizar-se no que lhe foi determinado pela natureza. Muito pelo contrário, ele teria que insistir em que a psicoterapia nada mais seja do que um meio a seu serviço, para a produção de forças auxiliares úteis ao Estado. Desse modo, a psicoterapia se transformaria num tecnicismo dirigido, cuja finalidade única só poderia ser a elevação do rendimento social. A alma perderia sua vida própria, tornando-se uma função a ser utilizada pelo Estado a seu bel-prazer. A ciência psicológica seria rebaixada a simples pesquisa das possibilidades de racio-

---

9. PESTALOZZI, J.H. *Ideen*, p. 187, diz: "As instituições, os regulamentos e os meios de educação, feitos para a massa, e para atender às necessidades do povo como tais, qualquer que seja a forma ou o feitio que apresentem... não são feitos, de modo algum, para a formação humana. Em milhares de casos não lhe são de utilidade alguma, e até lhe são contrários. A nossa geração, em essência, só se forma humanamente de pessoa para pessoa, frente a frente, de coração para coração. Portanto, em essência, ela se forma apenas em grupos pequenos, fechados, que pouco a pouco vão se abrindo, cheios de graça e amor, de segurança e fidelidade. A *formação para a humanidade*, a formação humana e todos os seus recursos são, em sua origem e essência, eternamente, uma questão individual, uma questão daquelas instituições que se ajustam o mais estrita e intimamente ao indivíduo, ao seu coração e espírito. Jamais, em tempo algum, esta formação foi uma questão de multidões. Jamais, uma questão de civilização".

nalização do mecanismo psíquico. E, quanto ao propósito de cura da terapia, a obtenção do total enquadramento das pessoas dentro do aparelho estatal, valeria, finalmente, como critério de cura. Mas, na medida em que a melhor maneira de alcançar este fim é privar o indivíduo por completo de sua alma, isto é, torná-lo o mais inconsciente possível, todos os métodos de conscientização se tornariam obsoletos de um golpe só, e a recomendação seria sair em busca de todos os métodos guardados nos sótãos do passado, que sempre serviram para defender o homem contra a tomada de consciência dos seus conteúdos inconscientes. Desse mundo, a arte de curar a psique seria condenada a um total retrocesso[10].

Em linhas gerais, é esta a alternativa diante da qual a psicoterapia se coloca hoje em dia. O desenvolvimento futuro é que vai dizer se a Europa – que se julgava liberta da Idade Média – vai mergulhar de novo no obscurantismo de uma inquisição multissecular. Mas isso só vai ocorrer, se o totalitarismo reivindicado pelo Estado se impuser à força e se manteve por muito tempo. Nenhuma pessoa consciente negará que a organização da nossa sociedade, chamada Estado, não só tem grande necessidade, mas também é forçada pelas circunstâncias, a criar uma maior autoridade. Se isso se der com a livre anuência, baseada no reconhecimento consciente dos cidadãos, o resultado só pode ser digno de encômios. No entanto, se o mesmo se der por comodismo, como meio de se esquivar a decisões embaraçosas, ou por inconsciência, aí então os indivíduos correrão seguramente o perigo de serem anulados como seres humanos responsáveis. Mas neste caso, o Estado não será muito diferente de uma prisão ou de um cupinzeiro.

---

10. "A existência coletiva da nossa geração só pode civilizá-la; não cultivá-la. Por acaso não é verdade? Você não vê todos os dias que quanto maior a massa humana, que se agrega num rebanho, e em contrapartida, quanto mais livre o campo de ação e quanto maior o poder de cada autoridade, enquanto representante legal do poder concentrado dessas massas, tanto mais facilmente se extingue também o pneuma divino, a sutileza dos sentimentos humanos nos indivíduos que formam essa multidão e esses homens públicos, e, na mesma proporção, neles também se perdem as bases mais profundas e próprias da natureza humana, da abertura, da receptividade à verdade.
O homem coletivizado, quando não é mais do que isso, afoga-se em todos os seus aspectos, nas profundezas da corrupção da civilização, e, submerso nessa corrupção, só procura na Terra inteira o que também o silvícola procura no meio da selva" (PESTALOZZI, J.H. *Ideen*, c. 1, p. 189s.).

227 Muito embora a tomada de consciência da individualidade possa corresponder ao destino natural do ser humano, ela não é o fim último. Isso porque não é possível que o objetivo da educação do homem se reduza a produzir um conglomerado anárquico de existências individuais. Isso equivaleria a um ideal inconfesso de extremado individualismo, o que não é mais do que uma reação doentia ao coletivismo, e tão insatisfatório quanto este. Contrapondo-se a isso, o processo da individuação natural produz uma consciência do que seja a comunidade humana, porque traz justamente à consciência o inconsciente, que é o que une todos os homens e é comum a todos os homens. A individuação é o "tornar-se um" consigo mesmo, e ao mesmo tempo com a humanidade toda, em que também nos incluímos. Estando assim assegurada a existência individual de cada um, logicamente também se garante que o conjunto organizado dos indivíduos no Estado, ainda que este se revista de uma autoridade maior, não mais constitua uma massa anônima, mas uma comunidade consciente. Contudo, há uma condição prévia indispensável para se chegar a isso: é a opção consciente e livre e a decisão individual. Uma verdadeira comunidade não pode existir sem esta liberdade e independência de cada um, e – vamos e venhamos – sem uma tal comunidade, o próprio indivíduo que se fundamenta em si mesmo e é independente, não pode progredir por muito tempo[11]. Além disso, a personalidade independente é a que melhor serve o bem comum. Outra questão é saber se o homem contemporâneo já possui a necessária maturidade para essa escolha. Mas igualmente questionáveis são as soluções impostas aos homens com violência, e que se antecipam ao desenvolvimento natural. As realidades da natureza não se deixam violentar por muito tempo. Como a água, elas têm a propriedade de infiltrar-se e penetrar em todos os sistemas que não as respeitam, solapando-os e levando-os, mais cedo ou mais tarde, à derrocada. Mas uma autoridade sábia na arte de governar, que deixa o espaço neces-

---

11. Há mais de um século, em circunstâncias que se assemelhavam às do nosso tempo, Pestalozzi dizia (c. 1, p. 186): "O gênero humano não pode viver em sociedade sem uma força ordenadora. O poder da Cultura une os homens como indivíduos, na independência e liberdade, através do Direito e da Arte. O poder da civilização sem Cultura une os homens como massa, pela força, sem respeitar a sua independência, liberdade, Direito e Arte".

sário à natureza – na qual também se inclui o espírito – não terá que recear sua queda iminente. Será um vergonhoso testemunho de imaturidade espiritual para o homem europeu, se ele precisar e desejar uma autoridade maior. No entanto, a realidade com que nos defrontamos hoje, é que incontáveis milhões se livraram na Europa da autoridade eclesiástica, tanto quanto da *patris potestas* de reis e imperadores, mediante a culposa cumplicidade de guias infantis e sem raízes na tradição, para agora – desorientados depois de perdido o seu sentido – caírem vítimas de qualquer violência que se arrogue algum poder. A imaturidade dos homens é uma realidade com a qual temos que contar.

Vivemos, não num planetoide qualquer flutuando no espaço, mas na Suíça, isto é, na mesma Terra de que é feita a Europa. Estamos cercados de todos esses problemas e, na medida em que não temos consciência deles, estamos sujeitos a sucumbir a eles da mesma forma que todas as outras nações. O mais perigoso seria imaginar que estamos num nível mais alto de consciência que o resto do mundo à nossa volta. Não é essa a questão. Mas, sem dar a esse punhado de psicólogos e psicoterapeutas que representamos, uma importância ou um peso excessivo, quero frisar que a nossa missão e, sobretudo, a nossa primeira obrigação como psicólogos, é entender a situação psíquica do nosso tempo e ter dela uma visão clara, para percebermos as questões e exigências do nosso tempo. Apesar de a nossa voz não ter força suficiente para se fazer ouvir na celeuma do tumulto político, podemos consolar-nos com o ditame do mestre chinês: "Quando o homem que tem a luz dentro de si está sozinho e pensa a coisa certa, ele é ouvido a mil milhas de distância".

Tudo quanto começa, sempre começa pequeno. Não nos deixemos abater pelo laborioso trabalho executado discreta, mas conscienciosamente, com cada pessoa em particular, embora nos pareça que a meta que buscamos está longe demais para ser atingida. No entanto, a meta do desenvolvimento e da maturação da personalidade individual está ao nosso alcance. E, na medida em que estamos convencidos de que o portador de vida é o indivíduo, se conseguirmos que pelo menos uma única árvore dê frutos, ainda que mil outras permaneçam estéreis, já teremos prestado um serviço ao sentido da vida. Mas quem tiver a pretensão de fazer prosperar até o último grau tudo quanto deseja crescer, vai verificar que as ervas daninhas, que sempre vingam melhor, logo lhe crescerão por cima da cabeça. A meu ver, a tarefa mais nobre da psicoterapia no presente momento é continuar firmemente a serviço do desenvolvimento do indivíduo. Procedendo desta forma, o nosso esforço estará acompanhando a tendência da natureza, isto é, estaremos fazendo com que desabroche em cada indivíduo a vida na maior plenitude possível, pois o sentido da vida só se cumpre no indivíduo, não no pássaro empoleirado dentro de uma gaiola dourada.

IX
Questões básicas da psicoterapia[1]

Há pouco tempo ainda, nas publicações médicas, lia-se sob o item "Terapia", ao final de uma enumeração de métodos de tratamento e de receitas, também o termo "Psicoterapia". No entanto, o seu sentido ficava envolto numa imprecisão significativa. Que queria dizer? Hipnose, sugestão, *persuasion*, método catártico, psicanálise, a arte de educar de Adler, o treinamento autógeno etc.? Esta enumeração dá uma ideia da multiplicidade e indeterminação das opiniões, concepções, teoremas e métodos, todos eles incluídos na denominação de "Psicoterapia".

Quando se descobre um continente novo, desabitado, lá não existem marcos, nomes, ruas, e cada pioneiro que pisa nesse chão conta coisas diferentes a respeito. Algo de semelhante deve ter sucedido quando os médicos puseram os pés pela primeira vez na terra nova da *psique*. Um dos primeiros médicos que nos prestou informações, mais ou menos aceitáveis, neste campo foi Paracelso. Seu estranho saber – que, diga-se de passagem, não era totalmente desprovido de profundidade premonitória – é expresso numa linguagem, impregnada do espírito do século XVI. Ela apela não só para representações demonológicas e alquimistas, mas também para neologismos paracelsistas, cuja viçosa exuberância compensa um secreto sentimento de inferioridade e uma necessidade correspondente de autoafirmação do seu criador, que sofria, muitas vezes não sem razão, da incompreensão dos seus contemporâneos. A era científica que teve início propriamente com o século XVII soterrou juntamente com a

---

1. Publicado no *Dialectica*, Neuchâtel, 1951, vol. V, c. 1, p. 8-24.

barafunda muitas pérolas da medicina de Paracelso. Só dois séculos mais tarde é que surgiu uma nova ciência empírica, com a teoria de Mesmer sobre o magnetismo da vida, resultante, por um lado, das experiências práticas, que hoje atribuiríamos a fenômenos da sugestão, e, por outro, do antigo material alquimista. Os médicos românticos atuavam nesta linha, e, consequentemente, seu interesse voltava-se para o sonambulismo. Isso foi a base para a descoberta clínica da histeria. Mas foi só quase um século mais tarde, que Charcot e sua escola conseguiram formular conceitos mais ou menos seguros a respeito. Devemos a Pierre Janet um conhecimento mais profundo e preciso dos fenômenos histéricos, e uma pesquisa e descrição sistemáticas dos fenômenos da sugestão, aos médicos franceses Liébault e Bernheim, aos quais se juntou, na Suíça, August Forel. No campo do conhecimento das causas dos sintomas psicógenos, a descoberta feita por Breuer e Freud de que esses sintomas eram de origem afetiva resultou num avanço decisivo para a psicologia. O fato de imagens mnêmicas perdidas, e sua conotação afetiva, constituírem a base do sintoma histérico levava diretamente a postular a *camada inconsciente* nos acontecimentos psíquicos. Provou-se que esta não era *somática*, como queria a psicologia acadêmica daquele tempo, mas *psíquica*, na medida em que ela se comportava exatamente como uma função psíquica, casualmente subtraída da consciência, isto é, da associação com o eu. Isso é válido para o sintoma histérico em geral, conforme Janet provou mais ou menos ao mesmo tempo e independentemente de Freud. Mas, enquanto Janet suspeitava a causa da privação da consciência numa fraqueza específica, Freud chamou a atenção para o fato de que uma conotação afetiva desagradável era peculiar às imagens mnêmicas etiológicas, e que essas imagens eram recalcadas, o que explicava o seu desaparecimento da consciência. Por isso ele concebia os conteúdos etiológicos como sendo *incompatíveis* com a tendência da consciência. Esta hipótese tomava por base a censura moral provocada por essas reminiscências reprimidas, devido ao seu caráter traumático ou moralmente repreensível.

232   Freud estendeu a teoria da repressão, com grande êxito heurístico, a toda a área das neuroses psicógenas; e avançou mais ainda, até fazer dela uma explicação do fenômeno cultural. Entrou, assim, na esfera da psicologia geral, que até então fora domínio exclusivo da

Faculdade de Filosofia. Afora alguns conceitos e alguns pontos de vista metodológicos, esta até então muito pouco tinha a oferecer à psicologia prática do médico. Isso fez com que a psicologia médica, que logo de início deparou com uma psique inconsciente, tivesse que avançar praticamente no vazio. Salvo umas poucas e louváveis exceções, a psicologia acadêmica perorou contra o conceito do inconsciente, ficando, portanto, o objeto da investigação psicológica reduzido unicamente aos fenômenos conscientes. Evidentemente, o choque da psicologia médica com a psicologia geral dominante foi considerável. Por outro lado, a descoberta de Freud representava outra pedra de escândalo e outro desafio diante da orientação puramente somática dos médicos. Esta situação se manteve inalterada, nos cinquenta anos seguintes. Foi preciso que a orientação da chamada medicina psicossomática chegasse da América para imprimir ao quadro alguns traços novos. Mas a psicologia geral ainda não conseguiu tirar as necessárias conclusões da existência real do inconsciente.

Nunca se penetra em terras novas, sem correr certos riscos: pois nesse empreendimento, o pioneiro depende do equipamento que por acaso traz consigo. No nosso caso, trata-se da sua formação em medicina somática, da sua cultura geral e visão do mundo, que se baseia principalmente nas suas condições prévias subjetivas, de caráter em parte temperamental, em parte social. A sua formação médica torna-o apto a avaliar corretamente o aspecto somático e biológico do material experimental; sua cultura geral capacita-o a captar mais ou menos o caráter do fator repressor; e, finalmente, sua visão de mundo ajuda-o a generalizar e, portanto, a incorporar os seus conhecimentos especiais num todo maior. Mas quando a investigação se realiza numa área ainda inexplorada e, portanto, desconhecida, o pioneiro tem que ter sempre em mente que outro, que também pisa no novo território, mas em outro lugar, e com outro equipamento, também pode esboçar um quadro completamente diferente.

Foi o que aconteceu a Freud. Seu aluno Alfred Adler desenvolveu uma concepção que confere à neurose uma fisionomia totalmente diversa. O que domina o quadro agora não é mais o instinto sexual, ou seja, o princípio do prazer, mas o instinto do poder (a necessidade de autoafirmação, o "protesto másculo", o "querer estar por cima").

233

234

Conforme mostrei através de um caso concreto[2], ambas essas teorias podem ser aplicadas com pleno êxito a um mesmo caso. Além disso, na psicologia é de conhecimento geral que ambos esses instintos se equilibram e que um prevalece sobre o outro com a mesma frequência. Adler manteve-se tão unilateral quanto Freud, e ambos têm em comum o fato de eles explicarem não só a neurose, mas também o homem, do ponto de vista da *sombra*, isto é, a partir da sua inferioridade moral.

235   Este estado de coisas ocorre quando se faz uma equação pessoal de um preconceito subjetivo, que nunca foi submetido à crítica. A intransigência com que ambos defendem seus pontos de vista significa, como sempre, uma compensação de uma secreta insegurança e uma dúvida interior. Os fatos descritos por ambos esses estudiosos têm consistência, devidamente, *cum grano salis*. Mas a sua interpretação pode ser efetuada de uma maneira ou de outra, ou melhor, ambas são parcialmente incorretas, isto é, elas se completam. A lição que podemos tirar disso é que o mais certo seria levar em conta ambas as concepções, conforme o caso.

236   Este primeiro dilema da psicologia médica surgiu provavelmente porque os médicos não encontraram a terra preparada, uma vez que a psicologia geral nada tinha a oferecer-lhes no terreno desses fatos. Ficaram, pois, na dependência das suas próprias ferramentas, preconcebidas subjetivamente. O resultado disso, para mim, foi a necessidade urgente de estudar, enfim, quais as atitudes com que o homem geralmente encontra um objeto (seja este qual for). Com este propósito, relacionei um número de tipos, todos eles baseados na respectiva predominância de uma ou outra das funções de orientação da consciência, e fiz, provisoriamente, um projeto de esquema, em que pudessem ser incorporadas as diversas atitudes empíricas. Daí resultam nada menos de oito pontos de vista teoricamente possíveis. Acrescentando-lhes todos os demais pressupostos mais ou menos individuais, obter-se-á uma infinidade de concepções possíveis, todas justificáveis, pelo menos, subjetivamente. Assim sendo, a crítica dos

---

2. *Über die Psychologie des Unbewussten*. 6. ed., 1948, p. 35s. Obras Completas, vol. VII, §§ 16-55 (em português: *Psicologia do inconsciente*).

pressupostos psicológicos, quando da formação de qualquer teoria, torna-se uma necessidade imperiosa. Infelizmente, nem todos o entenderam ainda, pois, se tivessem entendido, certos pontos de vista não seriam defendidos com tanta obstinação e cegueira. Mas só se compreenderá que as coisas são assim mesmo, quando se considera o que significa o preconceito subjetivo: geralmente, ele é o produto, mais ou menos bem elaborado, de toda a experiência de vida de um indivíduo. É produzido pelo embate entre uma psique individual e as condições do ambiente. Geralmente, forma-se, portanto, uma variante subjetiva da experiência geral, e isso, por si só, já exige uma autocrítica muito cuidadosa e um amplo trabalho comparativo, para se formar um juízo um pouco mais amplo. Mas, neste esforço indispensável, quanto mais se insistir nos princípios da consciência, maior o perigo de interpretar a experiência no sentido deles, o que leva à teorização e à violentação dos fatos. Nossa experiência psicológica ainda é demasiado nova e pouco extensa, para permitir teorias universais. É preciso pesquisar primeiro uma quantidade de fatos, para aclarar a natureza da alma, antes de pensar sequer em estabelecer proposições de validade universal. Por enquanto, temos que ater-nos à norma seguinte: toda proposição psicológica só pode ser considerada válida quando, e somente quando a validade do seu sentido oposto também puder ser reconhecida.

O preconceito pessoal e da visão de mundo é, de fato, o primeiro a atrapalhar gravissimamente a formação do juízo psicológico. Freud já tinha aceito a minha proposta de que todo médico, antes de lidar com o inconsciente dos seus pacientes com fins terapêuticos, se submetesse a uma *análise didática*. Todos os psicoterapeutas esclarecidos, cônscios da necessidade de tomar consciência dos fatos etiológicos inconscientes, apoiam essa opinião. É perfeitamente compreensível, e provado por uma experiência cem vezes repetida, que o que o médico não vê em si mesmo, também não percebe no seu paciente, ou então percebe, mas de maneira exagerada; e que estimula no paciente aquilo que se identifica com suas próprias tendências incontroladas, e condena aquilo que desaprova em si mesmo. Assim como exigimos – e com razão – que o cirurgião não tenha as mãos infetadas, também temos que insistir, com muita ênfase, na necessidade de autocrítica do psicoterapeuta, isto é, que ele esteja pronto a fazê-la a qualquer momento, ou seja, toda vez que essa necessidade se lhe tornar imperativa e manifesta através das resistências intransponíveis, possivelmente justificadas, do paciente. O paciente está aí para ser tratado, e não para a verificação de uma teoria. É que não existe teoria alguma no vasto campo da psicologia prática que, dependendo do caso, não possa estar radicalmente errada. Por exemplo, a opinião de que as resistências do paciente são injustificadas em qualquer circunstância é uma opinião que deve ser rejeitada. Pois a resistência também pode estar provando que a terapia está baseada em pressupostos falsos.

238   Destaco expressamente o tema da análise didática, porque recentemente se tem manifestado uma nova tendência a apresentar a autoridade médica como existente *eo ipso*, e, consequentemente, a reinstituir uma psicoterapia *ex cathedra*. Trata-se de um projeto que em nada diverge do método sugestivo um tanto antiquado, cuja insatisfatoriedade já ficou claramente demonstrada há muito tempo. (Isso não quer dizer, bem entendido, que nunca seja indicada a aplicação de uma terapia baseada na sugestão).

239   O psicoterapeuta compreensivo já percebeu há muito tempo que cada tratamento complicado representa um *processo dialético individual*, do qual o médico participa tanto quanto o paciente. No diálogo entre médico e paciente, a questão de saber se o médico possui o mesmo *insight* dos seus próprios processos psíquicos que ele espera do paciente é evidentemente muito importante. E isso, sobretudo por causa do chamado *rapport*, isto é, da relação de confiança da qual depende, em última análise, o êxito terapêutico, pois, em muitos casos, o paciente só pode obter sua própria segurança interior através da segurança de sua relação com a pessoa humana do médico. A autoridade do médico pode bastar, quando se trata de pessoas crédulas. Mas geralmente ela não convence pessoas providas de senso crítico. E foi também por este motivo que o sacerdote, como predecessor do médico-terapeuta da alma, perdeu grande parte da sua autoridade, pelo menos, junto ao público culto. Os casos graves constituem, portanto, uma prova de humanidade, tanto para o paciente quanto para o médico. Para tanto, este último tem que equipar-se, tanto quanto possível, com uma análise didática séria. Não se trata, de certo, de um meio ideal e absolutamente seguro de impedir ilusões e projeções.

Mas ela pode, ao menos, demonstrar a necessidade da autocrítica ao psicoterapeuta principiante, e facilitar uma certa disponibilidade para isso. Jamais análise alguma seria capaz de suprimir definitivamente todas as inconsciências. O que temos que aprender nunca se esgota, e jamais deveríamos esquecer que cada caso novo levanta novos problemas, e vai dar oportunidade para que se constelem pressupostos inconscientes que até então não tinham aflorado. Poderíamos dizer, sem grande exagero, que mais ou menos metade de cada tratamento em profundidade consiste no autoexame do médico, porque ele só consegue pôr em ordem no paciente aquilo que está resolvido dentro de si mesmo. Não é um engano quando se sente afetado e atingido pelo paciente: ele só vai curar na medida do seu próprio ferimento. Qual é o significado do mitologema grego do médico ferido, se não justamente isso?[3]

Os problemas de que estamos tratando aqui são, por assim dizer, inexistentes na chamada psicoterapia de apoio. Nesse campo, a sugestão, um bom conselho, um esclarecimento adequado, já podem bastar. Frequentemente as neuroses e estados-psicóticos-limite de gente complicada e inteligente têm que ser tratados através de uma psicoterapia profunda, ou seja, do método dialético. Para que a aplicação deste método possa ter alguma esperança de êxito, temos que libertar-nos ao máximo dos nossos pressupostos, não só dos subjetivos, como também dos baseados na nossa visão de mundo. Não se pode tratar um maometano com pressupostos cristãos, nem um parse com a ortodoxia judaica, ou um cristão com a filosofia antiga pagã, sem correr o risco de infiltrar um corpo estranho perigoso. Não resta dúvida de que tais coisas são praticadas constantemente, e nem sempre com maus resultados, mas elas representam uma experiência de cuja legitimidade me permito duvidar. Considero o tratamento conservador mais aconselhável. Na medida do possível, os valores que não provaram ser diretamente prejudiciais não devem ser destruídos. Considero tão errado substituir uma ideologia cristã por uma ideologia materialista, como esforçar-se por encontrar argumentos com o objetivo de levar o paciente a abandonar sua convicção materialista. São atribuições do missionário, não do médico.

---

3. KERÉNYI, K. *Der göttliche Arzt* – Studien über Asklepios und seine Kultstätte, p. 84.

241 Muitos psicoterapeutas têm uma opinião contrária à minha. Dizem que, no processo terapêutico, os problemas suscitados pela visão de mundo não devem ser levados em conta, e que os fatores etiológicos são todos, sem nenhuma exceção, questão de psicologia pessoal. Mas se olharmos mais atentamente, o quadro é bem diferente. Tomemos o exemplo do instinto sexual, cujo papel tem tanta importância na teoria de Freud. Esse instinto, como qualquer instinto, aliás, não é uma aquisição pessoal, mas um fato objetivo e geral, que nada tem a ver com o nosso desejo, vontade, opinião e decisão pessoais. É uma força inteiramente impessoal, com a qual, no entanto, procuramos lidar, usando de juízos subjetivos e ideológicos. Destes, apenas as premissas subjetivas (e estas também só em parte) pertencem à esfera pessoal; as premissas ideológicas, porém, são em sua maioria resultantes da tradição geral e da influência do meio, e somente uma pequena parte foi pessoalmente elaborada e conscientemente escolhida. Sou formado não só por influências exteriores, objetivas e sociais, como também por realidades interiores, inicialmente inconscientes, que designei simplesmente como *fator subjetivo*. As pessoas de personalidade extrovertida baseiam-se, principalmente, nas relações sociais, as outras, de personalidade introvertida, sobretudo, no fator subjetivo. As primeiras raramente percebem sua determinação subjetiva e a consideram de somenos importância; receiam-na até. As outras mostram um interesse menor pelas relações sociais, gostam de ignorá-las e as sentem como importunas, e até podem deixar-se intimidar por elas. O mundo das relações é tido pelas, primeiras como essencial, normal e digno de lutar por ele, os outros dão valor, em primeiro lugar, à coerência interna, ao estar de acordo consigo mesmo.

242 A análise da personalidade do extrovertido revela que a sua incorporação no mundo das relações é feita às custas de uma inconsciência quanto ao seu sujeito, isto é, de ilusões a respeito de si mesmo; em contrapartida, a do introvertido mostra que, sem querer, a sua personalidade comete em sociedade os erros mais crassos e as faltas de jeito mais absurdas. Essas duas atitudes típicas, universalmente conhecidas – sem falar dos tipos de temperamentos fisiológicos descritos por Kretschmer – por si só já mostram que não é possível medir os homens e suas neuroses por um único padrão e uma mesma teoria.

Geralmente, estas premissas subjetivas não são do conhecimento do paciente, e infelizmente muitas vezes, nem do médico, o que faz com que frequentemente ignore a velha verdade: *quod licet Jovi, non licet bovi*, ou: "o que é bom para uns prejudica a outros", e abra portas que deveriam ser fechadas e vice-versa. Como o paciente se torna a maior vítima das suas premissas subjetivas, assim também a teoria médica, embora em grau menor, uma vez que esta, pelo menos, resulta da comparação de uma grande quantidade de casos individuais e, portanto, já rejeitou as variantes por demais singulares. Isso se aplica contudo bem pouco ao pressuposto pessoal do criador da teoria. No entanto, o trabalho comparativo vai justamente atenuá-lo um pouco, muito embora confira um certo matiz ao trabalho terapêutico e lhe ponha certos limites. Conforme o caso, este ou aquele instinto, este ou aquele conceito vão representar o limite, que, por sua vez, se erigirá em aparente princípio, que sempre vai significar o fim da pesquisa. Dentro desses limites, tudo pode ser observado segundo a boa praxe e interpretado segundo a lógica, de acordo com o pressuposto subjetivo. Este é indubitavelmente o caso de Freud e de Adler, e mesmo assim, ou justamente por isso, o resultado são concepções extremamente diversas e – "prima vista" – dificilmente conciliáveis, conforme pudemos ver. Como é fácil verificar, a razão disso está na respectiva premissa subjetiva, que acolhe o que lhe convém, e elimina o que não convém.

Na história das ciências isso não é uma exceção, muito pelo contrário, pois, regra geral, a evolução se faz desse modo. Logo, quem acusar a psicologia médica moderna de nem conseguir entrar num acordo quanto à sua própria teoria, está esquecendo, por completo, que jamais ciência alguma continuou viva, sem pontos de vista teóricos divergentes. Tais desacordos constituem, como sempre, o ponto de partida para novos questionamentos. Aqui também se deu o mesmo. O dilema Freud-Adler ficou resolvido quando se reconheceu a validade de pontos de vista resultantes de princípios diferentes, cada qual pondo em relevo um determinado aspecto do problema global.

A partir daí, torna-se possível dar ampla continuidade à pesquisa. O que interessa, antes de mais nada, é o problema dos tipos *a priori* de atitude e das funções que lhes servem de base. Nesta linha desenvolvem-se o *Teste de Rorschach*, a *Psicologia da Gestalt* e as demais tentativas de sistematizar as diferenças tipológicas. Outra possibilidade importante – a meu ver – é o estudo dos *fatores que inspiram a filosofia de vida*, ou seja, os *pressupostos básicos verdadeiros**, que, como vimos, influem decisivamente sobre as opções e as decisões. Estes têm que ser levados em conta, não só ao estabelecermos a etiologia das neuroses, mas também para explorar os resultados da análise. O próprio Freud já apontava, com ênfase especial, a função da "censura" moral, como uma das causas do recalque, e julgou oportuno colocar a religião como um dos fatores neurotizantes, que reforçam os complexos de desejo infantis. Também cabe aos pressupostos básicos verdadeiros uma responsabilidade decisiva no que diz respeito à "sublimação"; em outras palavras, são os valores fundamentados na visão de mundo, que ora estimulam, ora bloqueiam a incorporação, no plano de vida do paciente, das tendências que vão aflorando com a análise do inconsciente. O exame dos chamados pressupostos básicos verdadeiros é importantíssimo, não só em relação à etiologia, mas também – o que é muito mais importante – em relação à terapia e à indispensável *reconstrução da personalidade*. Freud já havia constatado isso em seus últimos trabalhos – porém, num sentido negativo. Uma parte importante dessa premissa é o que Freud chamou de "Superego", ou seja, a soma de todas as convicções e valores coletivos transmitidos conscientemente, que, como a Tora para o judeu ortodoxo, representa um sistema psíquico consolidado e ao qual o ego está subordinado, sendo para ele gerador de conflitos.

246 Além disso, Freud já havia observado que o inconsciente, vez por outra, produz representações, que provavelmente não há outra maneira de definir, a não ser como *arcaicas*. Encontramo-las sobretudo nos sonhos e nas fantasias em estado desperto. Freud já se empenhara na interpretação "histórica" ou na amplificação de tais símbolos, como, por exemplo, no tema das duas mães, de um sonho de "Leonardo da Vinci"[4].

247 Sabe-se que o que compõe o chamado Superego corresponde às "*représentations collectives*", conceito que Lévy-Bruhl estabeleceu

---

* No alemão: *weltanschauliche Faktoren* [N.T.].

4. FREUD, S. *Eine Kindheitserinnerung des Leonardo da Vinci*.

para a psicologia dos primitivos. São representações e categorias de valor universais, baseadas em temas arcaicos mitológicos, que regulam e dão forma à vida psíquica e social dos primitivos; são as convicções gerais, as concepções e os valores éticos nos quais fomos educados e que nos orientam no mundo e na vida. Elas intervêm, como todos sabem, quase que automaticamente em todos os nossos atos de escolha e decisão, bem como na formação das nossas ideias. Depois de refletir um pouco, quase sempre podemos indicar por que fazemos determinada coisa, e quais os pressupostos genéricos em que baseamos o nosso julgamento e a nossa decisão. As falsas conclusões e decisões neuróticas, de efeito patogênico, consistem, em geral, num conflito com essas premissas. Quem consegue viver no meio delas, sem atritos, está tão incorporado à nossa sociedade, como um primitivo, que aceita suas práticas e tradições tribais como norma absoluta.

Ora, existe a possibilidade de um indivíduo, devido a uma anomalia de sua disposição pessoal (seja ela qual for), já não obedecer aos cânones das ideias coletivas, e consequentemente entrar em conflito não só com a sua sociedade, mas também consigo mesmo, já que o Superego também representa um sistema psíquico dentro dele mesmo. Neste caso, produz-se uma neurose, isto é, ocorre uma *dissociação da personalidade* que, numa estrutura psicótica propensa, pode até levar à fragmentação, isto é, à personalidade esquizoide, e à esquizofrenia. O caso acima representa o modelo de uma *neurose pessoal*, para a qual basta uma explicação personalística, pois a experiência mostra que não se requer outro procedimento para a sua cura, a não ser a destruição das conclusões e decisões subjetivas incorretas. Depois de realizada a correção da atitude inadequada, o paciente pode incorporar-se de novo à sociedade. Sua doença, em suma, nada mais era do que o produto de uma "fraqueza" congênita ou adquirida. Num caso desses, seria totalmente errado querer modificar algo no pressuposto genérico, na *"représentation collective"*. Com isso, o paciente só seria levado a penetrar mais a fundo no seu conflito com a sociedade, reforçando a sua fraqueza patogênica.

248

Na observação clínica de esquizofrênicos, veem-se indícios de dois tipos diferentes: um astênico (daí a expressão francesa *"psychasthénie"*) e outro tenso, e em estado de conflito ativo. O mesmo ocorre com as neuroses. O primeiro tipo leva a uma neurose que pode ser

249

explicada de maneira puramente personalística, e que representa uma inadaptação baseada numa fraqueza pessoal. O segundo tipo é representado por um indivíduo que não teria dificuldade em adaptar-se e já provou sua capacidade para tanto. Este não pode ou não quer adaptar-se por convicção, ou então não compreende por que a sua "adaptação" não lhe proporciona uma vida normal, quando, ao que tudo indica, isso deveria ser perfeitamente possível. A causa da sua neurose parece estar em algo situado acima do normal (da média), e não tem possibilidade de ser utilizado. Neste caso, é de se esperar uma crítica consciente ou, na maioria das vezes, inconsciente, dos pressupostos básicos verdadeiros. Freud parece que teve experiências semelhantes, pois se assim não fosse, dificilmente se teria sentido motivado a criticar, do ponto de vista médico, a religião, como cerne das convicções fundamentais do homem. Essa iniciativa, considerada à luz da experiência médica, era em certo sentido perfeitamente coerente, muito embora se possa divergir quanto à maneira como foi executada. Isso porque a religião mesma, não só não é inimiga do doente, mas até é um sistema de cura psíquica, conforme mostra a linguagem cristã e também aparece com evidência no Antigo Testamento[5].

250   Entre as neuroses acima mencionadas, são precisamente as do segundo tipo que obrigam o médico ao confronto com problemas desse gênero. Mas não são exclusivamente estas. Também existem clientes – e não são poucos – que, embora não sofram de uma neurose formulada clinicamente, vão procurar o médico, devido a um conflito psíquico ou qualquer situação de vida difícil, e lhe falam de problemas cuja resposta está diretamente ligada à discussão de questões de princípio. Tais pessoas, muitas vezes, sabem perfeitamente bem – e isso o neurótico raramente ou nunca sabe – que os seus conflitos são provenientes do problema fundamental da atitude perante a vida, e que esta depende de certos princípios ou ideias gerais, ou seja, de certas convicções religiosas, éticas ou filosóficas. Esses casos levam a psicoterapia muito além do quadro da medicina somática ou da psiquiatria e a fazem penetrar em campos que, no passado, eram reservados

---

5. Por exemplo, no Salmo 147,3; no livro de Jó 5,18.

aos sacerdotes e aos filósofos. Hoje em dia, na medida em que estes já não cumprem com o seu papel, ou o público não mais confia em sua capacidade, as lacunas que o psicoterapeuta eventualmente tem que preencher vão se tornando visíveis. Em outras palavras, vai ficando, cada vez mais claro o quanto a cura da alma, por um lado, e a filosofia, do outro, se distanciaram da realidade da vida. A crítica que se faz ao sacerdote é que já se sabe de antemão o que ele vai dizer, e ao filósofo, que o que diz não tem utilidade prática alguma. Por estranho que pareça, ambos – salvo raríssimas exceções – têm uma solene antipatia pela psicologia de que estamos falando aqui.

O significado positivo do fator religioso, no pressuposto básico verdadeiro, não impede que certas interpretações e ideias percam sua atualidade e se tornem obsoletas, em consequência da mudança dos tempos e das condições sociais, e da evolução das consciências, intimamente ligada a essas mudanças. Os mitologemas sobre os quais, em última análise, se assentam todas as religiões são, pelo menos no nosso entender, uma expressão de fatos e experiências anímicas interiores e, através da "anamnese" do culto, possibilitam a manutenção da ligação do consciente com o inconsciente, que, desde os primórdios até os dias de hoje, nunca deixou de "ecforizar" as imagens primordiais. Graças a essas fórmulas e imagens, o inconsciente se exprime o suficiente no consciente, e suas mobilizações instintivas podem ser transmitidas sem choque à consciência, de forma que esta última nunca perderá suas raízes instintivas. Mas se algumas dessas fórmulas se tornam antiquadas, isto é, se elas perdem sua relação inteligível com a consciência da atualidade, neste caso, os atos conscientes de opção e decisão são cortados de suas raízes instintivas, e se produz uma desorientação, inicialmente parcial, por faltarem ao juízo o sentimento de certeza e segurança, e à decisão, a "*vis a tergo*"*emocional. As "*représentations collectives*" que ligam o primitivo à vida dos ancestrais ou aos criadores dos tempos primordiais, também constituem a ponte para o inconsciente do homem civilizado, e, para o homem de fé, é o mundo da entidade divina. Essas pontes desmoronaram, pelo menos parcialmente, e o médico não tem condições de res-

251

---

* Retaguarda [N.T.].

ponsabilizar pelo infortúnio as vítimas dessa perda. Ele sabe que se trata de transformações seculares da situação psíquica, como muitas vezes já se repetiram no decorrer da história. O indivíduo é impotente diante dessas mudanças.

252 O médico só pode tentar observar e compreender como a natureza procede em suas tentativas de cura e restituição. A experiência já mostrou, há muito tempo, que entre a consciência e o inconsciente existe uma *relação de compensação*, e que o inconsciente sempre procura complementar a parte consciente da psique, acrescentando-lhe o que falta para a totalidade, e prevenindo perigosas perdas de equilíbrio. No nosso caso, como é de se esperar, o inconsciente gera *símbolos compensatórios*, que devem substituir as pontes que ruíram, mas só o conseguem de fato, mediante a ajuda da consciência. É que os símbolos gerados pelo inconsciente têm que ser "entendidos" pela consciência, isto é, têm que ser assimilados e integrados para se tornarem eficazes. Um sonho não compreendido não passa de um simples episódio, mas a sua compreensão faz dele uma vivência.

253 Considerei, portanto, que me cabia como tarefa principal examinar as formas de manifestação do inconsciente, a fim de aprender a compreender sua linguagem. Pois bem, já que, por um lado, os pressupostos baseados na visão do mundo representam uma questão eminentemente histórica, e por outro, os símbolos gerados pelo inconsciente se originam de modos de funcionamento arcaico da psique, para que essas investigações sejam possíveis, é preciso dominar um vasto material histórico de um lado, e de outro, coletar e elaborar um material de observação empírica tão vasto quanto aquele.

254 A necessidade prática de uma compreensão mais profunda dos produtos do inconsciente é um fato que não pode ser negado. Prossigo, portanto, no caminho que Freud já começou a trilhar, procurando evitar, contudo, deixar-me influenciar por opiniões metafísicas preconcebidas. Tento ater-me muito mais à experiência imediata, deixando de lado as convicções metafísicas a favor ou contra. Não me imagino estar acima ou além da psique, de forma a ser capaz de opinar sobre ela como que de um ponto arquimediano transcendental. Estou consciente de estar confinado dentro da psique e de ser capaz de descrever nada mais do que o que me acontece dentro da psique. Por exemplo, quando examinamos o mundo dos contos de fada,

é difícil fugir à impressão de que certas figuras se repetem com frequência, ainda que com roupagens diferentes. O folclorismo faz o *estudo comparativo desses motivos*. A psicologia do inconsciente comporta-se da mesma forma que as sagas, lendas, mitos e religiões, com as figuras psíquicas, que surgem nos sonhos, nas fantasias, nas visões e alucinações. No conjunto desse campo psíquico existem *motivos*, quer dizer, figuras típicas, cujos rastros podem ser seguidos até a história antiga e mesmo até a pré-história e, por conseguinte, podem ser chamadas de *arquetípicas*[6]. Parece-me que pertencem simplesmente aos componentes estruturais do inconsciente humano, pois não consigo encontrar outra explicação para a sua presença universal e sempre idêntica a si mesma, como, por exemplo, o motivo do salvador que pode ser um peixe, um coelho, um cordeiro, uma serpente ou um homem. É sempre a mesma figura do salvador, que se apresenta sob diversos disfarces acidentais. De inúmeras experiências desse tipo, tirei a conclusão de que o que há de mais individual no homem é, sem dúvida, a sua consciência, e que, em contrapartida, a sua sombra, isto é, uma certa camada superficial do inconsciente, já é menos singular, na medida em que a pessoa humana se diferencia da sua espécie mais por suas virtudes do que por suas fraquezas. O inconsciente, porém, em sua manifestação mais importante e de maior influência, pode ser considerado um fenômeno coletivo, sempre idêntico a si mesmo, e como parece nunca desviar-se de si mesmo, formaria uma estranha unidade, cuja natureza, contudo, ainda está envolta numa enorme escuridão. Convém acrescentar que hoje em dia ainda existe a parapsicologia, cujo objeto são manifestações que estão em conexão direta com o inconsciente. A ela pertencem os fenômenos ESP (Extra-Sensory Perception)[7], que a psicologia médica não pode ignorar de forma alguma. Se esses fenômenos têm algo a provar, é uma certa relatividade psíquica de espaço e tempo, o que constitui um esclarecimento significativo da unicidade do inconsciente coletivo. No entanto, por enquanto temos certeza apenas de dois conjuntos de fatos, ou

---

6. O conceito de arquétipo constitui na psicologia especificamente o que o *pattern of behaviour* representa na biologia. No arquétipo não se trata, portanto, de modo algum, de representações herdadas, mas de modos de comportamento.

7. RHINE, J.B. *Extra-Sensory Perception*.

seja, de um lado, a concordância entre os símbolos individuais e os mitologemas, e, de outro, o fenômeno ESP. A interpretação desses fenômenos está reservada ao futuro.

Referências*

FREUD, S. *Eine Kindheitserinnerung des Leonardo da Vinci*. [OC, vol. IX, Viena: [s.e.], 1925].

JUNG, C.G.** Zur Empirie des Individuationsprozesses (Eranos-Jahrbuch 1933/1934). In: *Gestaltungen des Unbewussten*, 1950 [OC, 9, 1ª parte].

_____. *Psychologie und Alchemie*, (Psicologia e alquimia) 1944 [2. ed., 1952. OC, 12. 5. ed. 2011].

_____. *Psychologie und Religion* (Psicologia e religião), 1942 [3. ed., 1947. OC, 11/1]. 9. ed. 2011.

_____. *Psychologische Typen* (Tipos psicológicos), 1921. [8. ed., 1950. OC, 6. 4. ed., 2011].

_____. *Über die Psychologie des Unbewussten* (Psicologia do inconsciente), 1948. [6. ed. ampl. de *Das Unbewusste im normalen und kranken Seelenleben*, 1926. OC, 7].

KERÉNYI, K. *Der göttliche Arzt* – Studien über Asklepios und seine Kultstätte. Basileia: [s.e.], 1948.

KHUNRATH, H.C. *Von hylealischen, das ist, pri-materialischen catholischen, oder al-gemeinem natürlichen Chaos*. Magdeburg: [s.e.], 1597.

---

* Os autores da literatura universal tais como Platão, Dante, Goethe etc., não constam desta referência.

** Nas obras de C.G. Jung com diversas edições indicamos a primeira, e a última edição, bem como o volume da Obra Completa, em que se encontra o trabalho, a fim de dar as referências mais completas possíveis.

O número das páginas constante das notas de rodapé referem-se à edição mais recente dos volumes avulsos, ao passo que os parágrafos se referem à sua localização dentro da Obra Completa.

MURRAY (org.). *Explorations in Personality.* Nova York/Londres: [s.e.], 1938.

PARACELSO. *Labyrinthus medicorum errantium* – Vom Irrgang der Ärzte. 1537/1538. In: SUDHOFF, K., vol. 11, p. 161-221; esp. cap. 8, p. 199. Munique/ Berlim: [s.e.], 1928.

_____. De ente Dei. In: *Tractatus de ente Dei* – "Bruchstücke des Buches Von den fünf Entien, genannt Volumen medicinae Paramirum de medica industria", cerca de 1520. Apud SUDHOFF, K., vol. 1, p. 163-239. Munique/Berlim: [s.e.], 1929.

PESTALOZZI, J.H. *Ideen.* Vol. II. Zurique: [s.e.], 1927 [HUERLIMANN, Martin (org.)].

PHILALETHES, cf. *Musaeum hermeticum*, IV-V.

PLATÃO (Pseudo-). *Theatrum chemicum*, XIV.

RHINE, J.B. *Extra-Sensory Perception.* Boston: [s.e.], 1934.

SILBERER, H. *Probleme der Mystik und thre Symbolik.* Viena: [s.e.], 1914.

WAITE, A.E. *The Hermetic Museum Restored and Enlarged.* 2 vols. Londres: [s.e.], 1893 [Tradução de *Musaeum hermeticum*].

Índice analítico*

Ab-reação 24, 33s., 167, 170
Afeto (o que afeta), afetivo(s) 130s.
- ab-reação dos 167
- distúrbios dos processos 176, 183
Água, do batismo v. e. tit.
- como motivo de sonho 14s. 17
Ajustamento (adaptação) 138, 149, 150, 249
- como meta 75, 109, 152s., 161s.
- e neurose 5
Alma (cf. tb. psique) 71, 111, 206, 212
- acesso à 117
- maneira de conceber a 173
- e o consciente 111
- e corpo v. e. tit.
- desconhecimento da 171
- desprezo pela, e preocupar-se com 169
- essência da 22
- imortal 223
- parte histórica da 111
- polo espiritual e fisiológico da 185
- realidade da (anímica) 111
- como um todo 212
- vida própria da 225 Alquimia 231
- e ioga 219
Anima, como personificação do inconsciente 17
Análise 11, 239, 242
- exigência de, para o médico (análise didática) 8, 165s., 237s.
Anamnese 194
- do culto 251
Antinomia, entre individual e genérico (ou coletivo) 1s.
- entre corpo e psique 1
Arqueologia 96, 111
Arquétipo(s), arquetípico 254
- condições 61
- conteúdos v. e. tit.
Assimilação de conteúdos arquetípicos inconscientes 188
Associação, experiência da 48, 202
- livre associação 100
Atitude 79
- dependente de princípios e ideias 250
- idealista 60

---

* Nota: A numeração dos verbetes corresponde à paragrafação do livro.

- fortalecimento da 64
- como indicador 77
- introversão e extroversão v. e. tit.
- juvenil como causa da neurose 75
- do paciente v. e. tit.
- religiosa 99
- transformação da 53, 93, 212
Autocrítica 236
Autoridade 226
- da Igreja v. e. tit.
- do sacerdote e do médico 239

Batismo 124, 215
Beco sem saída (estar encalhado) 59, 84s.

Casuística, material casuístico 83 (na ordem em que aparece no texto)
- séries de sonhos de um homem que mostram a continuidade do motivo da "água" em 26 e do motivo da "mulher desconhecida", em 51 sonhos 14s.
- sonho inicial de um homem normal, em que é criticado o seu interesse pelo ocultismo (motivo: criança doente) 92s.
Catarse, método catártico 33, 134s., 141s., 153s., 158, 230
Católico problema da transferência no 218
Censura moral (Freud) 245
Centro, centrador, processo centrador 219
- procura do 111
Ciência(s), antinomias da 1

- naturais e psicologia 221
Christian Science 3
Clã totêmico 183
Coletivo, sistema social 222
Compensação 235
- pelo inconsciente v. e. tit.
Complexo(s) 125, 134, 179
- dos analistas 8
- autonomia dos 196
- e visão de mundo 218
Compreensão, do inconsciente v. e. tit.
Concepção do mundo (maneira de ver o), como causa das neuroses 22
- poder de cura da 218
- religiosa 188
Concupiscentia (concupiscência) 24
Confissão 21, 24, 122s., 124, 132s.,140s., 159
Confissões religiosas 21, 183
Conflito(s), entre espírito e instinto 185
- morais, religiosos 178, 223
- psíquico 247s.
Consciência, consciente 167
- conflitos de 22
- dimensão que ultrapassa o nível pessoal 99
- expansão da 225
- e inconsciente 12, 26, 51, 84, 125, 163, 218, 251
-- na criança 205
-- relação compensatória do 252
- perda das raízes 216
- psique como 201
- retração da 225

- supervalorização do 51, 108, 206
- unilateralidade da 12
Conscientização das causas da neurose, v. neurose
- da sombra v. e. tit.
Conselho bom 240
Conteúdos inconscientes arquetípicos 25, 185
-- assimilação dos 26s., 188
-- efeitos dos 126s.
-- fascínio dos 18s.
-- irrupção dos 188
-- projeção dos 223
-- simbólicos 9, 22
- dos sonhos iniciais v. e. tit.
Convicção(ões) 216, 250
- política, e mitologia 20s.
- do psicoterapeuta v. e. tit.
Corpo, e alma 1, 190
Cristianismo 20, 223, 225
Cruz suástica 20
Cultura 223, 225, 232
- força da (Pestalozzi) 227 – Nota 11 – Cap. VIII
Cura 11

Desorientação 22, 87, 251
Diagnóstico psicológico 195s.
Dialético, procedimento, processo, método 1, 2, 7s., 21, 23, 25, 239s.
- formulação 1
- psicoterapia e, v. e. tit.
Diferenciação, individual 124
Dissociação, neurótica 26, 179, 248

Dominante psíquica, filosofia de vida ou visão de mundo como 180s.

Educação 122, 153, 158
- autoeducação 170s.
- para o ser social 150, 152
Efeitos de choque, explosão de granadas 126
Eficácia, eficaz, o "extraordinariamente eficaz" (Lehmann), 4
- da interpretação dos sonhos 86, 89, 91, 95s., 99, 101
- viva das representações pictóricas 104s., 111
Egito 223
Emoção, reprimida 130
Enantiodromia 212
Entendimento racional 99
Equilíbrio, distúrbio (perda) do 22, 252
Esclarecimento (elucidação) 122, 136s., 141, 144s., 158
- efeitos do 148
- da transferência v. e. tit.
Espaço e tempo, relatividade de 254
Espírito, e alma 22, 185
- e instinto 185
- e natureza, v. e. tit.
Esquizofrenia 18, 194, 218, 248s.
Estado 222s. 224s.
- autoridade do 226s.
- e Igreja 222
- reivindicação do totalitarismo 225

Ética, função e, das convicções 250
Etiologia da neurose v. e. tit.
Eu, consciência do eu 108s., 111, 204s., 218
- e complexo 196
- desligamento do eu das projeções 218
- e o inconsciente 218
- e o si mesmo (Selbst) 106, 219
- e vontade 109, 187
Extroversão e introversão v. e. tit.

Fantasia(s) 125, 206
- categorias *a priori* das 15
- criativa 62, 98
- espontânea 13
- incestuosas 140
- e instinto 98
- realidade da 106
Fascínio, por conteúdos do inconsciente v. e. tit.
Filhinho de papai 196
Filius macrocosmi 220
Filosofia, acadêmica 190
- e psicoterapia 250
- e religião 176s.
Física 1
Fixação 9, 139, 142, 148
Fobias 13, 196
Folclorismo 254
Função(ões) 61, 77
- da consciência 236
- inferior 59
- predominância de 59, 77
Gestalt, psicologia da 245

Hereditariedade 194
Hipnose 30, 139, 230
Hipnotismo 4, 10, 199
Histeria 131, 196, 231
Homem, ser humano v. e. tit.

Ideia(s), como realidades psíquicas 147
- primordiais (Bastian) 206
Igreja 218, 221s.
- aspecto maternal 218
- autoridade da 221s., 227 Ilusões, 239, 242
Imagem(ns), arquetípicas, primordiais, simbólicas (ver tb. arquétipos) 15
- sequência de, nos sonhos 13s., 22
"Imago" dos pais (parental) 9, 142, 212s., 216s., 222
- projeção da, v. e. tit.
- religião e 215s.
Imortalidade 186
Incesto, incestuoso 64, 75
- conteúdos 144
- desejos, fantasias 55s., 140
- nos mitos gregos 146
Inconsciência 223
Inconsciente 254
- análise do 245
- aproximação do 137
- característica do: ser do sexo oposto 17
- caráter compensatório do 85, 219
- coletivo 15, 64, 111, 227, 254
-- unidade do 254
- compreensão do 254

- consciente e, v. e. tit.
- conceito de 204, 232
- dar as costas ao (distanciar-se do), 149, 152
- efeito mobilizador do, 218
- como fator criativo 62
- filosofia do (Carus), 204
- ligação com o 138, 142
- personificação do, 17
- possessão pelo, 196
- prisioneiro do (nas garras do) 182
- produção de representações arcaicas 246
- valorização excessiva do 51
- segundo Freud 50s., 61

Incorruptibile 220

Indicador ("indicium") 75ss.

Individuação 11, 18, 25
- fenomenologia da 12
- processos de 219, 227
-- etapas do 218, 223

Individual e genérico 1, 3s.

Individualidade, tomada de consciência da 2, 227

Individualismo 42
- e coletivismo 227

Indivíduo, e sociedade 223s., 247s.

Infância, regressão à 55s.

Infantilidade (infantilismo) 101,167, 169s.
- condição de 179
- reprimida 139

Inferioridade 67, 170, 234
- complexo de 216
- esconder a 132, 134
- infantil 179

- sentimento de 64, 231

Iniciação 133s.
- rituais de, do homem 223
-- da puberdade 214

Insight 152

Instinto(s) 12, 20, 61, 81, 185, 206, 208, 218, 234, 241
- distúrbios dos 208
- ligação do, com a fantasia 98
- mundo dos, e religião 183
- do poder 151, 234
- redução aos 40s
- repressão do 178
- sexual v. e. tit.
- sublimação do 178
- e tradição 216

Integração 19
- de conteúdos inconscientes projetados 218
- da personalidade v. e. tit.

Integridade, totalidade v. e. tit.

Inteiro, homem psíquico 199

Intelecto, compreensão intelectual da simbologia do inconsciente 111
- e sentimento 59

Interpretação, analítico-redutiva 9,12
- sintético-anagógica 9
- dos sonhos 86, 95
-- segundo Freud 144

Interpretativo, método (Freud)143s.

Introversão e extroversão 59, 77, 241s.

Ioga 134, 219

Irracional(is), fatores, da personalidade 172
- significado do 96
Irracionalização, na fixação das metas 42
"-Ismos" 3

Judeu, incidência de complexos no 218

Lapsos 126
Lendas (sagas, contos de fadas) 254
Leonardo da Vinci 246
Liberdade de opção 223, 227
- moral, educação para a 223
Libido, perda da 87
- regressão da 9
Lúmen naturae (Paracelso) 189, 222
Magnetismo 4
Mana 4
Mar, como inconsciente 15s.
Massa anônima 227
- e o indivíduo 225
- psicologia da 223
Materialismo 79
- atitude materialista 79
Medicina, e fator psíquico 20
- moderna 22, 190
- primitiva 4
- psicossomática 232
- e psicoterapia 211, 212
- somática, orientação s. da 232
Médico, análise do v. e. tit.
- atitude correta em relação ao paciente 7s., 33, 172s., 182s.

- autoridade do 2, 23, 238s.
- dependência do 138s.
- "ferido" 239
- formação do 44, 233
- igualdade entre médico e paciente 10s., 76, 239
- neurose do 23, 179
- e paciente 1, 42s., 95, 97s., 163s.
- personalidade do 8, 10s., 23, 163, 172, 198
- projeção no 144
- transferência para o 139s., 218
- transformação do 163s., 170, 172s.

Meditação 134
- sobre os sonhos 86
Melancolia 197
Mentalidade da época (Zeitgeist) 22
Metafísica(s), convicções 254
- inconsciente 90, 94
Método(s), em que se acredita 4
- analíticos v. análise
- catártico v. catarse
- da interpretação dos sonhos v. e. tit.
- multiplicidade dos 1, 11, 116s., 230
- novos 12
- psicoterapêuticos v. Psicoterapia
Microcosmo, a psique como 206
- no ser humano v. e. tit.
Missões, influência das 214
Mistérios 124
Mito(s) 85, 254
- dos deuses gregos 146
- representações míticas 19, 21

Mitologemas 207s., 254
- como expressão de acontecimentos anímicos 251
- do médico ferido 239
- ubiquidade dos (propagação dos) 206
Mitologia 17s., 20, 44, 96
Motivo(s), estudo comparativo 254
- repetição dos, nos sonhos 13s.
Mulher, desconhecida, como motivo de sonho 16s.
Mundo, como algo de suprapessoal ou impessoal 212
- reconhecimento do 201

Natureza, e espírito 120, 227
- *horror vacui* da 130, 218
- levar em conta a, na psicoterapia 42, 81s., 184
Necessidade de autoafirmação 67, 76, 150s., 231, 234
Neurose(s) 75, 134, 152, 196, 199, 212, 240
- análise redutiva da 24s.
- causas da 26, 234
- conscientização da 29, 40, 53
- complexo e 179
- por conflito 247s.
- cura da 53, 134, 199, 248
- e distúrbios dos instintos 208
- etiologia da 53, 245
- como falha no desenvolvimento 34, 43
- função religiosa e 99
- do homem coletivo 5
- do individualista 5
- natureza da 37, 66, 81, 190, 195s.
- de medo 196
- pessoal 248s.
- psicógena 126, 232
- e psicose 37
- psíquica 193s., 198s.
- sentido da 11
- sintomas da 28s., 32, 126, 199
- neurose de transferência 41

Objetivo, e subjetivo 241
- da psicoterapia v. e. tit.
Ocultismo 93
Opiniões 254
Oposto(s), da psique, v. e. tit.
Oriente, Ocidente 174, 219
Oxford, Movimento de 21

Paciente(s), atitude do 53, 55s.
- *horror vacui* do 218
- idade do 75, 83
- médico e, v. e. tit.
- passividade, atividade do 106
- quadro de 101s.
Pai, imagem do pai, transferência da 139
Pai-mãe, mundo de 212
-- desaparecimento do 215s.
Papa 215, 218
Parapsicologia 254
Patriarcal, Ordem 215, 217, 221
Pattern of behaviour 254 – Nota 6 – Cap. IX Pecado 124, 129
- original, 186
Peirithoos 138

Pensamento 223
Perda das raízes 216
Personalidade, amadurecimento da 221, 227s.
- dissociação da 248
- fatores irracionais da 172
- integração da 27
- do médico v. e. tit.
- reconstrução da 245
- transformação da 11, 44
Persuasion 1, 230
Possessão, pelo inconsciente 196
Prazer infantil 66
Preconceito(s) 23, 218
- herdados 22, 50
- intelectual e moral 12
- subjetivo (pessoal) 235, 237
Premissas subjetivas 241, 243
Pressupostos, básicos verdadeiros (convicções fundamentais) 245, 249, 251, 253
- pessoais 236
- psicológicos 1, 236
- subjetivos e ideológicos 240
Primitivo(s) 183
- psicologia dos 247
- formas de religião dos 20
Princípio do prazer 24, 150s., 234
Procura do centro v. e. tit.
Projeção(ões), da "imago" dos pais 142, 212s., 217s., 222
- impedir a 239
- infantil, desligamento da 212, 218
- no médico v. e. tit.
- supressão das 225

Protestante, incidência de complexos no 218
- relação da transferência do 218
Psicastênico 131, 249
Psicanálise 1, 36, 39, 41, 53, 134, 199, 212, 230
- conceito da 115, 118, 120
- etapa inicial da 134
- fundamentos 123
Psicologia, acadêmica 190, 231
- analítica 115s., 121s., 132s., 159, 168
-- desenvolvimento (evolução) da 172, 174
- como ciência 1
- e ciências humanas 120
- complexa 115
- empírica 175
- geral 232
- gregária, das massas 4, 223
- por idade 75
- médica 49, 52s., 120, 232, 236, 244, 254
- moderna 46s., 213
- prática 45, 232, 237
- primitiva 96, 247
Psicologia individual (Adler) 39, 41, 115
Psicose(s) 18, 137, 212, 218
Psicoterapeuta (cf. tb. médico)
- análise do v. e. tit.
- confiança do, no seu método 4
- convicção do 167, 179s., 184
Psicoterapia 1s., 5s.
- na atualidade 212s., 226, 227s.
- como ciência 212

- conceito da 212
- e cura das almas 250
- diagnóstico na 195s.
- e Estado totalitário 225
- fracassos da 73
- medicina e 192s.
- métodos da 198, 230
- moderna 24, 29, 35, 39, 46s., 114s.
- e natureza v. e. tit.
- objetivos (metas, fins) da 66s., 75s., 223, 225
-- irracionalização dos 42
- perigos da 18
- como processo (procedimento ou método) dialético 1, 2
- e psicanálise 115
- questões básicas da 230s.
- tarefa da 53, 212, 229
- teorias da 198
- e visão de mundo (e os pressupostos básicos verdadeiros) 175s., 240s., 245, 249

Psique (cf. tb. alma), ambiguidade da 81
- conceito da 201s. , 204s.
- como consciente v. e. tit.
- como fator biológico 201s.
- inconsciente 61, 125, 204, 231s.
- como terra nova 231
- totalidade da 252
- problemática dos opostos da 177

Quadros, dos pacientes v. e. tit.
-- caráter simbólico dos 111

Racionalização "Rapport" 239
- como transferência v. e. tit.
Razão (ordem racional) 178
Realidade da psique (anímica) v. e. tit.
Recalque (repressão) 48, 75, 124s., 176, 178, 205, 231, 245
- das fantasias incestuosas 140
- teoria do 34, 232
Redução, redutivo, como método (v. tb. interpretação) 9, 12, 146
- aos instintos 40
Regressão 18s.
- tendência regressiva 56s., 64
Rei, no Egito 223
Religião(ões) e atitude materialista 79
- função religiosa 99
- história comparada das 44, 96, 111
- e "imago" dos pais 215, 216
- e neurose 245, 249
- como psicoterapia 20, 249
- representações míticas das 21, 251, 254
Representações, de caráter arquetípico 15
- míticas 21
- ligadas à tradição 176
"Représentations collectives" 15, 247, 248
Resistência(s) 237
- levar a sério as 76
- superar as 169
Retrospectiva, tendência (Freud) 54
Rito(s), católico 215

- costumes, cerimônias dos casamentos, nascimentos e mortes 214s.

Rorschach, teste das figuras de 202, 245

Sacerdote, como terapeuta da alma 239, 250

Salvador, representações do motivo do 254

Segredo(s), efeito do 124s., 128s.

Sentido, dos símbolos, v. e. tit.
- do sofrimento, v. e. tit.
- da vida, v. e. tit.

Ser humano (homem), coletivo 4s., 11, 18
- destino do 223, 225, 227
- lúdico 98
- como microcosmo 203
- ser normal, ajustado 161
- paradoxal 62
- psicofísico 206
- super-homens 223
- totalidade, plenitude do 199, 203, 218

Sexual(ais), experimentos 66
- instinto 234, 241
- tema na literatura 66
- traumas 34

Sexualidade 12, 48
- como espírito 111
- infantil 34
-- psicanálise e 39
- teoria da 39, 66, 115

Si mesmo ("Selbst"), eu e o, v. e. tit.

- experiência do 219s.

Símbolo(s), compensatórios 252
- conhecimento dos 22, 44
- conteúdos simbólicos, v. e. tit.
- entendimento dos s. pela consciência 252
- individuais e mitologemas 254
- interpretação histórica dos 246
- sentido dos, 101 Simbolização 48

Sintoma(s) 28, 138
- análise dos 199
- neuróticos 126
- repressão dos 29, 32

Situações imprevistas 128

Sociedade 224, 247s.
- indivíduo e v. e. tit.
- o introvertido e a 242

Sofrimento, sentido do 185s.

Sombra (lado sombrio) 145s., 152, 234, 254
- conscientização da 134
- descoberta da, por Freud 144s., 173

Sonambulismo 231

Sonho(s) (cf. tb. casuística) 86s., 144, 252s.
- caráter compensatório dos 12, 85
- como antecipações 89s.
- conteúdos arcaicos dos 246
- emoções infantis no 35
- iniciais 87, 89
- como meio auxiliar na terapia 26
- mitológicos 22
- motivos dos 13s.
- observação dos 43
- e o passado 87

- pintar quadros com os conteúdos de 101s.
- e o presente 88
- "recognitivos" 89
- séries de 13s.
- terapia baseada em 44
"Sósia", motivo do 16
Subjetivo, objetivo, v. e. tit.
"Sublimação", sublimar 178, 245
Substituição 48
Sugestão 11, 230s., 240
- efeito da 28
- terapia pela 1s., 9, 29s., 198, 238
Suicida, suicídio, impulso, tendência 128
"Superbia" (Agostinho) 24
Superego (Freud) 245s.

Tema das duas mães 246
Tempo, como fator de cura 36, 43
Terapia de grupo, de massas 30s., 35s.
Teseu 138
"Tesouro difícil de alcançar" 187
Tipos de atitudes, segundo as funções 236, 245
- psicológicos 59
Tiques simbólicos 13
Totalidade (integridade, plenitude) 134, 218, 252
- do ser humano, v. e. tit.
- da psique v. e. tit.
- da vida, v. e. tit.

Totêmicos, clãs, v. e. tit.
Tradição 241
- perigo da dissolução da 216
Transferência 75, 139s., 212
- contratransferência 163
- esclarecimento da 141s.
- estacionar na relação de 218
- das "imago" parental v. e. tit.
- neurose de v. e. tit.
- "rapport" como 10
Transformação, da criança em pais 212s.
- como etapa da psicologia analítica 122, 160, 170
- do médico e do paciente (v. médico)
Trauma, sexual, v. e. tit.
Treinamento autógeno 230
Tricotomia, v. trindade Trindade, como motivo de sonho 16

Unilateralidade, unilateral 59s., 80, 87s., 198
- em Freud 150

Vida 185s.
- plenitude da 185
- segunda metade da 83, 110
- sentido da 21, 96, 99, 103, 110, 229
-- falta de 83
Visão de mundo (cosmovisão) 22, 179, 185s., 188s., 240s., 249s., 253
- em relação ao bem-estar psíquico 218

- do médico 233
- psicoterapia e, v. e. tit.
- como suprema dominante psíquica 180s.

Visões 254
Vontade, desenvolver a 109s.
Voz no sonho 16

Corpo e individuação
Elisabeth Zimmermann (org.)

As emoções no processo psicoterapêutico
Rafael López-Pedraza

O feminino nos contos de fadas
Marie-Louise von Franz

Introdução à psicologia de C.G. Jung
Wolfgang Roth

O irmão – Psicologia do arquétipo fraterno
Gustavo Barcellos

A mitopoese da psique – Mito e individuação
Walter Boechat

Paranoia
James Hillmann

Puer-senex – Dinâmicas relacionais
Dulcinéa da Mata Ribeiro Monteiro (org.)

Re-vendo a psicologia
James Hillmann

Suicídio e alma
James Hillmann

Sobre eros e psique
Rafael López-Pedraza

Sonhos – A linguagem enigmática do inconsciente
Verena Kast

Viver a vida não vivida
Robert A. Johnson, Jerry M. Ruhl

Conecte-se conosco:

f facebook.com/editoravozes

◉ @editoravozes

X @editora_vozes

▶ youtube.com/editoravozes

◯ +55 24 2233-9033

www.vozes.com.br

Conheça nossas lojas:

www.livrariavozes.com.br

Belo Horizonte – Brasília – Campinas – Cuiabá – Curitiba
Fortaleza – Juiz de Fora – Petrópolis – Recife – São Paulo

EDITORA VOZES LTDA.
Rua Frei Luís, 100 – Centro – Cep 25689-900 – Petrópolis, RJ
Tel.: (24) 2233-9000 – E-mail: vendas@vozes.com.br